JN130342

NBA ALL-STAR SLAM DUNK CONTEST, FEBRUARY 8, 1997, CLEVELAND

KOBE BRYANT
THE MAMBA MENTALITY
HOW I PLAY

著　コービー・ブライアント
序文　フィル・ジャクソン
写真　アンドリュー・D・バーンスタイン
監訳　島本和彦

イースト・プレス

GOLDEN STATE WARRIORS, OCTOBER 7, 2001, AWAY

KOBE BRYANT

THE MAMBA MENTALITY

HOW I PLAY

Foreword by **PAU GASOL**
Introduction by **PHIL JACKSON**
Photographs and Afterword by **ANDREW D. BERNSTEIN**

今でも、子どものころはじめて本物のバスケットボールを手にしたときのことを思い出す。

あのしっとりとした手触り。あまりにもいい感触。
フロアについたりプレイするのがもったいないような気持ちだった。
革の表面のつぶ状の作りや整った黒いシームが削れないように、大切にしたかった。

音も最高だった。ボールがフロアではずむときの、ダム、ダム、ダムというあの音。
乾いた、清らかな音。未来を乗せた音。命と導きの音。

ボールと、そしてゲームのそんなところが気に入った。 それが私の生き方と技巧の核となり、
根となった。すべての体験、すべての精進、すべての探求の源なのだ。

すべてはあの、いいようのないダム、ダム、ダムという音からはじまった。
少年だった私の心は、どんどんと引き込まれていった。

この本を、次の世代の偉大なアスリートに捧げます。
そして、あなたたちが成長するための手助けとなることを願っています。

──コービー・ブライアント

私の家族の大きな愛、サポート、忍耐に感謝します。

──アンドリュー・D・バーンスタイン

ACKNOWLEDGMENTS ｜謝辞

私の物語、キャリア、専心は、愛妻のヴァネッサなしにはありえない。手を取り合い、忍耐強く、私自身と同じだけ戦う気持ちを持ってくれてありがとう。君は究極のチームメイトだ。

ナターリア、ジアンナ、ビアンカ。君たちがこの作品の中に、生き方のヒントを見つけてくれたらうれしい。君たちはそれぞれが私の誇りであり、喜びだ。

殿堂入りした写真家のアンドリュー・D・バーンスタインに感謝いたします。長年にわたって磨き、完成させたレンズ越しの技巧は、この世界に並ぶものがありません。ひとりの写真家、ひとりのアスリート、ひとつのチームで20年プレイしてきました。あなたの仕事なしに、この作品に完全な形で命が宿ることはありませんでした。

ツビー・ツワールスキーは計り知れない時間を割いて、"マンバ・メンタリティー"を完璧に表現し、規定する文章を生み出す手伝いをしてくれました。次代に過程と精進の大切さを解く助けをしてくれたことに感謝しています。

パウとフィル、ふたりはそれぞれ、私に自分を極限まで高めるよう、鼓舞してくれました。ふたりの言葉が、未来のアスリートたちに、どんな道を志すとしても、自分の理想像に到達する助けになってくれることを願っています。

そして、ロサンジェルス・レイカーズのロブ・ペリンカ。WMEのジェイ・マンデルとジョッシュ・ピアット。メルチャー・メディアのチャールズ・メルチャーとクリス・スタイナー。スローン・オファー・ウェバー・アンド・ダーンLLPのデリン・フランク。そしてコービーInc.のみんな、モリー・カーター、リタ・コスティア、マット・マトコフ、ジェイ・ワドキンスに心からの謝意を表したいと思います。

──コービー・ブライアント

20年間にわたり信頼を寄せ、喜んで撮らせてくれたコービー、ありがとう。
NBAフォトスのジョー・エイメティとデヴィッド・ディネンバーグ。ゲッティー・イメージズのカーミン・ロマネッリ、ケリー・ライアン、そしてゲイル・バックランドに謝意を表します。

──アンドリュー・D・バーンスタイン

PRACTICE, 1996, LOS ANGELES

MCD
Farrar, Straus and Giroux
175 Varick Street, New York 10014

Text copyright © 2018 by Kobe Inc.
Photographs copyright © 2018 by Andrew D. Bernstein /
NBAE via Getty Images
Afterword text copyright © 2018 by Andrew D. Bernstein
All rights reserved
Printed in China
First edition, 2018

Library of Congress Control Number: 2018947512
ISBN: 978-0-374-20123-4

Our books may be purchased in bulk for promotional, educational, or business use. Please contact your local bookseller or the Macmillan Corporate and Premium Sales Department at 1-800-221-7945, extension 5442, or by e-mail at MacmillanSpecialMarkets@macmillan.com.

www.mcdbooks.com
www.twitter.com/mcdbooks • www.facebook.com/mcdbooks

10 9 8 7 6 5 4 3 2 1

Produced by Melcher Media
124 West 13th Street
New York, NY 10011
www.melcher.com

Founder and CEO: Charles Melcher
President and CRO: Julia Hawkins
Vice President and COO: Bonnie Eldon
Executive Editor/Producer: Lauren Nathan
Production Director: Susan Lynch
Senior Editor: Christopher Steighner
Contributing Editorial: Jeremy Woo

Cover and Interior Design by Nick Steinhardt, Smog Design, Inc.

THE MAMBA MENTALITY by KOBE BRYANT

Japanese translation rights arranged with Kobe Family Entertainment, Inc.
c/o William Morris Endeavor Entertainment LLC., New York
through Tuttle-Mori Agency, Inc., Tokyo

15
FOREWORD BY PAU GASOL | はじめに　パウ・ガソール

17
INTRODUCTION BY PHIL JACKSON | 序文　フィル・ジャクソン

21
PROCESS | 過程

95
CRAFT | 技

202
FACTS & FIGURES | 記憶されるべき記録

204
CHRONOLOGY | 年譜

206
AFTERWORD BY ANDREW D. BERNSTEIN | おわりに　アンドリュー・D・バーンスタイン

207
INDEX

FOREWORD | **はじめに**

IN FEBRUARY OF 2008, MY LIFE CHANGED.
2008年2月、私の人生は変わった。

あれはバスケットボール・プレイヤーとして、またスポーツから離れた人生においても、私の生き方を左右する瞬間だった。私自身のキャリアが、私の愛するこのスポーツで史上最高のプレイヤーのひとりとされる人物のそれと重なったのだ。

メンフィス・グリズリーズからロサンジェルス・レイカーズへのトレードが決まったと告げられた数時間後、私は大陸を横断して（メンフィスとは）あまりにも対照的な大都会、L.A.に向かう飛行機に乗っていた。トレードを完結させるために義務づけられた身体検査を受けるためだった。レイカーズは遠征に出ていたが、私は新しいチームメイトに会うのが楽しみでならなかったので、身体検査が終わった後すぐに、もう一度飛行機に乗り込んでワシントンD.C.に向かったのだった。あの朝、コービーから電話で、リッツ・カールトンについたらすぐ会いたいと言われていた。

やっと自分の部屋にたどり着いた深夜1時、誰かが私の部屋のドアをノックした。コービーだった。これはホンモノのリーダーだ、とその行動から感じた。非常に衝撃的な出会いだった。何が言いたいのか、すぐにわかった。のんびりしている時間はない、今だ、オレたちでリングを獲りにいくぞ。彼のそんな思いが強く伝わってきた。すべては勝利のために、ということだ。

コービーの大成功を可能にした要因のひとつは、細かいところに気を配る性格にあり、この先もそれが成功をもたらすにちがいない。コービーによく言われたものだ。「もっとうまいプレイヤーになりたければ、準備してこい。準備して、準備して、準備して、さらに、もっと準備してくるんだ」。

彼のプレイ分析は、他のプレイヤーとは段違いのレベルにある。私は映像で研究するのが好きで、対戦相手の直近のゲームを見て、近々直面するだろうプレイへの対策を考えるのだが、コービーは私の何歩も先を進んでいた。

2010年のファイナルでボストンにいたとき、コービーが私にメールしてきた。まだ昨日のことのように覚えている。彼の部屋にきて、一緒に映像を見ろと言う。そして我々は、セルティックスがどのようにピック＆ロールに対応してくるか、次のゲームでこちらはどんな対応をするべきか、じっくり研究したのだった。私は事実として、準備と研究の両面において細部にどれだけ気を配ったかが、我々がチャンピオンシップを手にすることができた要因であり、コービー自身が個人的に成し遂げた成功の鍵だったということを知っている。

私はこれまでのキャリアで、あれほどまでに頂点を目指して全力を注いだプレイヤーを他に見たことがない。意志の強さでならぶ者はいない。一緒にプレイしたプレイヤーのなかで誰よりも努力したということに疑問の余地はない。コービーは、頂点に立つためには、他者と異なる取り組みが必要になることを理解していた。プレイオフ前に皆がまとまることを狙って食事会をしたときのことも覚えている。私は彼の隣に座ったのだが、そろそろ店を出ようという時間になったころ、コービーは、これからジムに行ってワークアウトだと言ったのだ。いつも皆がやるワークアウトの他に、コービーがものすごい時間をバスケットボールに費やしているのは十分わかっていた私だが、少しは休んだら、と思うような状況でも自分に対する厳しさを貫く彼の姿勢にはいつも驚かされた。皆がそろそろ寝ようと思うころ、彼の魂は、今からやれば先行できるぞ、と語りかけてくるのだ。

長年にわたり、多くの人が、コービーと一緒にプレイするのがどれほど難しいかと思いを巡らせた。そんなことはないのに。

必要なのは、彼の育った背景、何がしたいのか、どれだけ勝ちたいかを理解することだけだ。彼は、同じだけの緊迫感と意欲をチームメイトやコーチに求め、ゲームのみならず練習にも、毎日最高の状態で集まることを求める。コービーは人の本性を見抜き、勝利に向かう過程で信頼できる存在かどうかを見定めようとしている。ただそれだけのことだ。

彼に対する感謝を私は忘れない。彼はバスケットボール・プレイヤーとしての私の、最大限の能力を引き出してくれたし、強い人間にしてくれた。一緒に過ごした時間には、無限大の価値があった。

自分の家では長男の私は、ふたりの弟たちにとってよい手本になろうとして、必要と思えば厳しくしたし、値すると思えば褒め称えた。コービーは私にとって最もアニキに近い存在だ。率直に、ズバリと物を言ってくれたし、常に全力を出しきれるように鼓舞してくれた。最高の瞬間を戦ってきた私たちは、特に難しい時にこそ、絆を深め、兄弟のように助けあってきた。

私がここに記した、傑出した人物の個性が描かれた素晴らしい本ができたので、ぜひ楽しんでいただきたい。まちがいなく君のなかに力が湧いてくるはずだ。

——パウ・ガソール（2008-14年のチームメイト）

INTRODUCTION | 序文

WARNING: IF YOU ARE GOING TO INVEST YOUR TIME IN READING THIS BOOK, BE PREPARED FOR AN ADVENTURE IN HIGH-LEVEL BASKETBALL.

警告! この作品を読むあなたは、ハイレベルなバスケットボールの冒険に引きずり込まれることを覚悟せよ。

この作品を読めば確実に、コービー・ブライアントのバスケットボールに対する、細部にこだわり徹底的に打ち込む姿勢をより深く理解できるだろう。才能に恵まれるのは重要なことだが、微妙な違いを感じ取る意欲を持つことも同じく重要だ。

ジェームス・ネイスミスは「バスケットボールは簡単にプレイできるが、極めるのは難しい」という言葉を残したとされている。この作品は、それを極めた人物の内面をのぞかせてくれる窓である。アンディー・バーンスタインの手による格別な写真とコービーの洞察により、もしその気があれば、あなたはより良いプレイヤーになれるかもしれない。

コービーはやる気と歴代最高のプレイヤーのひとりになりたいという思いと、その才能を持ってNBA入りした。そのために全力を注ぎ、忍耐を発揮し、彼はその目標を達成した。レイカーズという歴史的なフランチャイズでプレイすることで、世界の注目と舞台が与えられていたが、あれだけの成功を手にするまでに至った理由はすべて彼の内面にある。

コービーと私がはじめて会ったのは1999年。ビバリーヒルズ・ヒルトンで、私がレイカーズのコーチに就任することが正式に発表された日のこと。会見場に集まったメディアに対面しようと、スイートルームで待機しているときだった。

コービーはトライアングル・システムでプレイすることに対する喜びと、すでにそれをしっかり研究していたことを伝えたがっていたようだった。当時から"バスケの虫（Student of the game）"だった彼は、あのオフェンスの様々な側面を研究していたのだ。彼はまだ20歳だったにもかかわらず、その言葉はキャリア10年以上のベテランのように聞こえたものだ。

本来トライアングル・オフェンスは約束事が多く、統制が必要なシステムだ。プレイヤーが自由にできる範疇は少ない。計画的で組み立てられた戦術なのである。自陣にボールを運んだら、素早い攻撃で得点を狙う。それができないときは三角形を作り、ディフェンスがどのように反応するかを読み、弱点を突き、こちらの強みを生かしていく。私にはコービーより1歳年下の双子の息子がいるので、当時その年代の若者たちの特徴と、何かに取り組む能力の不安定さについてよく知っていたつもりだった。シカゴ・ブルズのコーチ時代にも、同年代のプレイヤーをコーチする機会に恵まれていた。しかしコービーは、若いころから、まさしく"バスケの虫"であったのだ。

コービーはその年のプレシーズンに行われた最初のゲームで、手首を骨折してしまい、シーズン最初の14試合を欠場した。我々は彼抜きの状態で好スタートを切っていた。そのため私は、コービーがチームの勢いになじもうと活躍できる時間帯をほしがるのではないかと懸念を抱いていたが、それは取り越し苦労だった。彼はチームの勝利を最優先し、我々は勝ち続けることができたのである。

彼が戦列に戻ってから1か月ほどが過ぎたころ、私はジェリー・ウエストから電話をもらい、彼がコービーと話したことを耳にした。コービーは彼に電話をかけ、彼も1960年代に出場していたら、エルジン・ベイラーとともに自ら30得点以上を稼ぎ、かつ機会を分け合うことができると話したという。ジェリーが少し探りを入れると、コービーは、今のままでは、「歴代最高のひとりと認められるような得点記録を残すことができないのではないか」と悩んでいることを認めたという。これは気がかりだった。コーチとしての私は、誰が何点取ろうが気にすることはないからである。大事なのはスコアボードに記される試合の結果だけだ。しかしコービーは、自分の能力をよく知っていただけに、システムによって自分の能力が制限されてしまうと感じたのだ。この衝突は後々大問題に発展する可能性を秘めていた。もちろん、彼には実際に目指すべき目標があった。通算得点記録が33,643に到達した彼は、マイケル・ジョーダンを抜き去り、カール・

マローンとカリーム・アブドゥル＝ジャバーに次ぐ位置まで上り詰めている。

　最初のシーズン、コービーはロン・ハーパーとの２ガードシステムで、トップ周辺でプレイした。彼らの役割は"お膳立て"であった——彼らは速攻、あるいはセカンダリー・アタックが終わり、トライアングル・システムに移行するタイミングを見極める。どうしても、ちょっと強引に攻めてみたくなるポジションだ。計画からそれて自分で打開しようと試み、チームとしての攻撃の流れを滞らせてしまうこともあった。我々は、ひとりで抱え込むことをやめようと話し合いを重ねたものだ。映像を見て、うまいプレイメイカーに必要なスキルがどんなものかをテーマとした研究も行った。振り返れば、コービーも私もお互いに対して忍耐強くつきあっていたと思う。お互いに我慢を重ねた結果、最終的に彼は、是が非でも手に入れたいチャンピオンシップを勝ち取るために、チームとしていかに統制されていなければならないかを理解した。彼は得点するのが好きではあったが、たいていの場合は重要な局面でチームにとって正しいことが何かをわかり、直感していた。

　レイカーズはその前の２シーズン、いずれも名脇役の立場に終わっていた。高勝率を残しながら、プレイオフでは２年連続でスウィープを食らっていたのだ。栄光の歴史からくる重圧のなか、コービーはきっちりと仕事をこなした。そしてレイカーズは、詰めが甘いという汚名を返上し、そのシーズンから３年連続でチャンピオンシップを勝ち取ったのである。あの３年間はどれをとっても劇的で、思い出深いゲームや瞬間で満ちていた。コービーは推進力となり、"ディーゼル"と呼ばれたシャキール・オニールはオフェンスの核となっていた。「あのデカイやつにボールを入れろ」が我々の合言葉だ。レイカーズは５年間で４度ファイナルに進出し、実質的に王朝として君臨することができた。

　コービーのキャリアにおける次なる物語は、成熟の過程ということができるだろう。シャック＆コービー時代が終わったあと、コービーは引退や移籍でそれまでのスターティング・メンバーを全員失うこととなり、チームの長としてものをいう立場となった。彼はチームを動かす身として、名実ともにリーダーとなったのであった。たぶん、なりたいと思ってなったわけではないだろう。このリーダーシップというのはなかなか身につけるのが難しい。それは、特に王座が遠のいた状態のチームでは、一層そうだったにちがいない。

　我々がレイカーズで再び一緒になったばかりのころ、練習前にほかのメンバー５人がシューティング・コンテストに興じるのを、コービーと私のふたりで眺めたときがあった。"キャット"と呼ばれるゲームに似た遊びで、先にシュートしたプレイヤーと同じシュートを、続くプレイヤーも試みる。それができなければ負けというわけだ。左右のコーナー、左右のウイングスポットとトップを3Pラインに沿って１周しても勝負がつかなかったので、その５人は私に練習開始時間を遅らせてくれと言ってきた。私は、負けん気の強さは人一倍のコービーに、なぜ加わらないのかと聞いてみた。すると彼は、自分は3Pシューターではないから、と返した。しかし次のシーズン、彼はそれを修正することを決意し、オフシーズンに3Pシュートに熱心に取り組んだ。ここでも彼は細部にまでこだわった。そして来る

2005-06シーズン、コービーは上達の跡を見せ１試合平均35得点の記録で得点王を獲得した。"スコアリングマシーン"コービーの誕生である。

　彼の得点力に関する武勇伝には事欠かないが、それはコービーの進化のなかでひとつの側面でしかない。我々のスタッフは、朝８時半には練習や試合の会場に到着して次なる戦いへの準備をはじめていた。しかし、コービーのほうが私よりも早く、私のために指定された駐車場所の隣にすでに到着していて、車中でコービーがひと寝入りしていることのほうが多かった。彼は我々よりもずっと早く、朝６時ごろにはジムに入り、チーム練習前のワークアウトに精を出していたのだ。後半の10年間、早朝のワークアウトは彼のトレードマークだった。コービーは行動でチームメイトをけん引した。誰もついていけなかったが、全員が彼の行動に触発された。

　2007年のある日、私はコービーと、翌年の北京オリンピックについて話し合った。あのチームにはスーパースターがそろい、あの年の夏は集まって一緒に練習し、最終的に金メダルを勝ち取っている。私には、コービーに伝えておきたいことがあったのだ。それは、「もしもオフシーズンにいつも以上に頑張るというのなら、脚力には限度があるということを認識しておけ」ということだった。練習については何も心配はない。どんな内容かはわかっているだろうから。ゲームとゲームの間は、必要なだけ休養にあてて構わない。ただし、統率力を保ってもらいたい。

　彼が理学療法を受ける一方で、チームはスキルトレーニングやドリルに取り組んだ。そして対戦型のメニューになったらコービーも加わった。コービーはチームを元気づけ、時には控えのプレイヤーに対するコーチ的な役割もこなした。私は、苛烈なルーティン（決まりごと）をこなしながら、毎試合きっちり調整してくるコービーを見守り、あと５、６年はできるだろうか……という思いを持っていた。しかし、彼はその見通しをはるかに上回り、身体能力面のピークを普通では考えられないほど長く保ち続けた。コービーがそれから10年近くも、NBAの緊迫感に満ちたバスケットボールをプレイし続けた事実も、彼の有能さを示すひとつのデータである。

　この作品に登場する写真の数々は、コービーのバスケットボールに打ち込む姿勢を描写する証しである。事実、コービーのバスケットボールに対する取り組み方は、彼の人生における次なる物語への準備にもなったようだ。

　今後の展開も、レイカーズ時代と同じようにおもしろく、充実したものになるだろう。

——フィル・ジャクソン
（1999-2004年、および05-11年にコービーのコーチを務めた）

PROCESS
[過程]

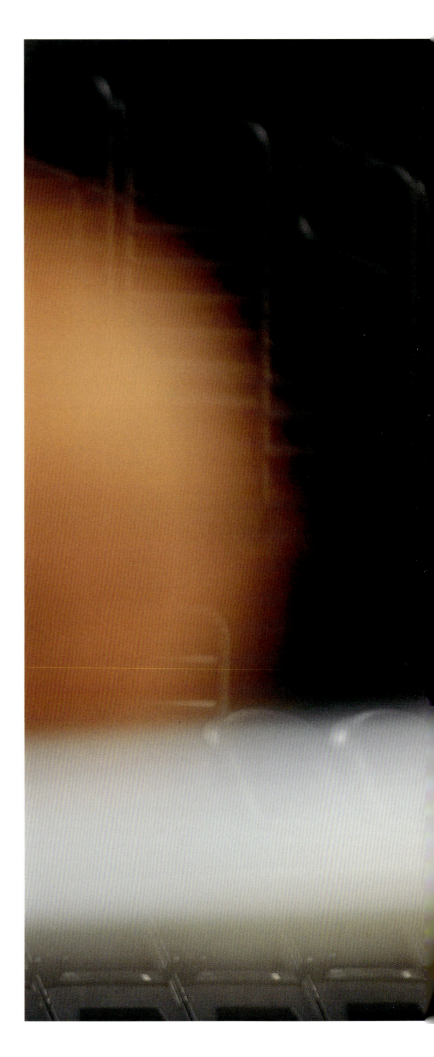

WHEN IT CAME TO BASKETBALL, I HAD NO FEAR.
バスケットボールに関しては、何事も怖がらなかった。

　どういうことかというと、もし何かあらたな要素を見つけて自分のプレイに取り入れたいと思ったら、すぐに組み込もうと試みた、ということだ。失敗とか、カッコ悪いだとか、恥ずかしいというのは全然気にしなかった。なぜなら、自分のなかでは、長い目でみて最後には成果につながると思っていたからだ。私は常に、何かを試さないとその成果は得られないし、一度その成果が得られたら、自分の武器がひとつ増えるという事実を感じていた。頑張って練習して、多少ショットを外すくらいのことでそれが達成されるなら、まったく安いものだ。

　子どものころは、うまくプレイする要素を身につけるために、時間を忘れて練習に励んだ。目の前で、あるいは映像で見たものが気に入るとすぐ練習に行き、翌日はさらに長く練習し、実戦で使った。プロ入りしたころには、習得時間が短くなっていた。一度見ればすぐに取り入れられ、完璧にできるような感覚だった。

　最初から、最高のプレイヤーになりたいと思っていた。

　誰よりも上達し、最高になりたいといつも切望し、焦がれていた。他に意欲の源になる何かを探す必要はなかった。

　ルーキーイヤーのはじめのころ、いくつかのスカウティングレポートが、私はタフさに欠けるという評価を下していた。試合中にゴールに突っ込んでいくと、最初はたたき潰された。ディフェンス側はこいつはそんなものだろという印象を持ったかもしれない。でも、私は次のプレイでまた突っ込んでいき、オフェンスファウルをもらってでも、その相手に（「引き下がってはいないぞ」という）メッセージを発信しようとしたものだ。

　偉大な存在を目指すことに、誰かに背中を押される必要はなかった。はじめから支配するつもりだった。考えていたのは、「相手を見透かす」ことだ。アイバーソン、マグレイディー、ヴィンス・カーター……もし今だったらレブロン、ウエストブルック、カリーたちだろうが、私は誰であれ、相手を見透かすことを目指した。そのパズルを完成させるためなら、喜んで他の誰よりも精一杯努力した。

　それが一番の楽しみだったからだ。

BY THE TIME I REACHED THE LEAGUE, I HAD A SHORT LEARNING CURVE.
プロ入りしたころには、習得時間が短くなっていた。

I DID BIBLICAL WORKOUTS.
聖書にでてくるような基本的なワークアウトを継続した。

　私がウエイトトレーニングをはじめたのは17歳、NBA入りしたころからだ。飾り気など何もない、本当に基本的な、長年行われて効果が実証されている、一度でひとまとまりの筋肉群を強化することを目的とした筋力トレーニングの手法だった。

　現役生活のうち、プレイヤーとして過ごした本質的な時間には、シーズン中であれ夏場であれ、月、火、木、金に90分間の筋力トレーニングを行った。私がウエイトといったら、それは本当に重く、厳しく、腕の感覚がなくなるようなトレーニングを意味する。それが終わってから、コートに行ってシューティングをした。

　年齢とともにルーティンは少し変わったものの、考え方は変わらなかった。自分より前に存在した偉人たちに効果があり、自分にも効果があるならば、それを流行りの何かに変える必要はない。効き目があるものを継続することだ。目立たなくてもかまわない。

MY MIDNIGHT WORKOUTS HAVE BECOME A THING OF LEGEND.
深夜のワークアウトは伝説になった。

そこにはいつも目的意識があった。憑かれたような感覚と、現実の世界における責任感が混ざって生まれてくるのだ。

1日を早くはじめれば、日々のトレーニングをもっと増やせる、と考えていた。はじまりが11時なら、2、3時間動いたあと4時間休み、5時から7時までトレーニングに戻ることになる。しかしはじまりが5時なら、7時までやって、11時から2時までまたやって、さらに6時から8時まで取り組むことができる。早くはじめることで、トレーニングをひと枠多く増やした組み立てを選んだ。夏場は、このもうひと枠をたくさんこなしたものだ。

同時に、早くはじめられることが、バスケットボールと日常生活の良好なバランスにもつながった。子どもたちが起きてくるころ、私は家にいることができたが、こちらがすでにひと汗流した後とは思いもしない。夜はといえば、子どもたちを寝かしつけたあとにも、自分の時間を作ってトレーニングに出かけることができた。子どもたちの時間はおしまいだ。

パフォーマンスを犠牲にしたくなかったし、家族の時間も犠牲にしたくなかった。だから、寝る時間を惜しまず取り組んだ、ということだ。

STARTING EARLY HELPED ME
BALANCE BASKETBALL AND LIFE.

1日を早くはじめたら、バスケットボールと日常生活のバランスが良くなった。

FILM STUDY IS ALL ABOUT DETAIL.
映像の研究は細部にこだわること。

　若いころ、それもかなり若いころから、私は映像を見まくって自分にできることを身につけてきた。それが楽しくてしかたがなかった。気楽に眺めて楽しむのもありだが、見ることの効果を感じることに喜びを見いだす人もいるのだ。

　私は映像を見、学び、最も重要な"なぜ"という問いかけをするのが楽しかった。

　この見るという行為のなかで、時とともに大きく変わった点があった。映像の中で起こる事象を見るのではなく、そこに足りないもの、あるべきものを見るようになったことだ。起こったことではなく、他の選択肢や、どうなるべきだったのかを想像した。映像研究は最終的に、選択肢や対策、加えるべきものを想像しながら、ある動きが効果的かどうかの理由を精査する時間になった。私のキャリアにはすごく役立った。

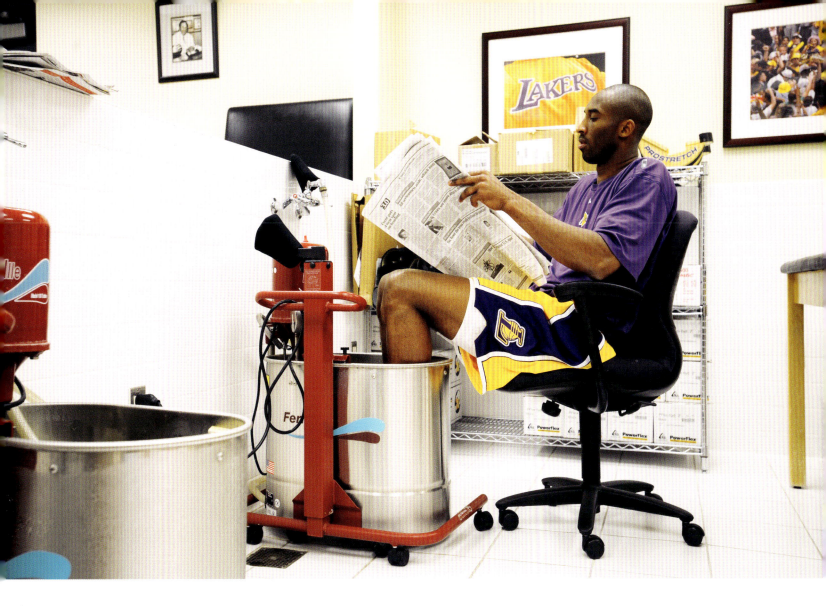

I DIDN'T TRAIN ONLY MY BODY—
I TRAINED MY MIND, TOO.

**体だけではない——
心も鍛えた。**

コート上で細部に目を配り、フロアの片隅で起こっていることを把握できるようになる唯一の方法は、コート外で同じことができるように内面を鍛え、日常生活の細部にこだわることだった。

読書したり、学校の授業や練習に注力することで、集中力を高めた。生活全般でそうだったから、物事と向き合い、横道にそれずに進む力が身についた。

読書と同じくらい大切だったのは、過去の偉人たちとの関係作りだ。私の引退セレモニーに立ち会ってくれた人々を見れば、なぜ永久欠番になれたかがわかると思う。あのときはビル・ラッセル、カリーム・アブドゥル＝ジャバー、マジック・ジョンソン、ジェリー・ウエスト、ジェームズ・ウォージーといった方々が来てくれた。この人たちに学んだ教訓が生き、私は戦いを常に優位に運ぶことができた。自分にとって、北極星のように道しるべとなってくれる師を持ち、学ぶことは、非常に大切なことだと思う。

IF I NEEDED TO GET KEYED UP,
I LISTENED TO HARD MUSIC.

より積極性を求めたいときは、激しい音楽を聴いた。

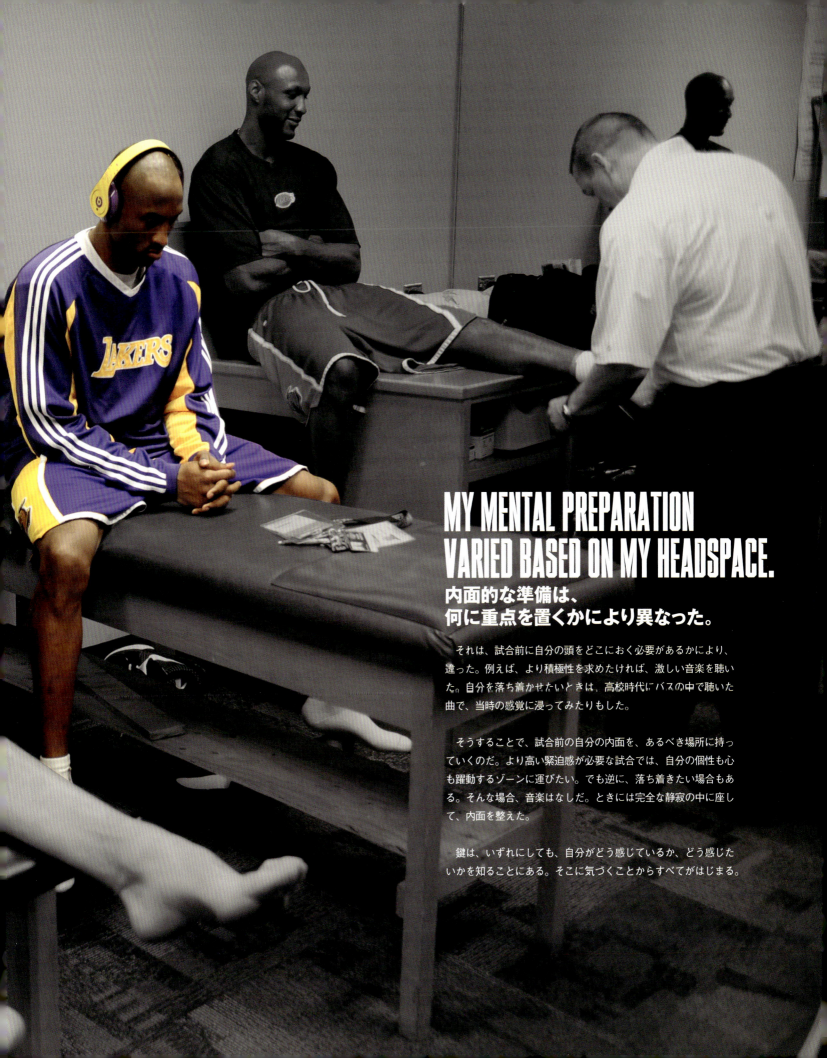

MY MENTAL PREPARATION VARIED BASED ON MY HEADSPACE.
内面的な準備は、何に重点を置くかにより異なった。

それは、試合前に自分の頭をどこにおく必要があるかにより、違った。例えば、より積極性を求めたければ、激しい音楽を聴いた。自分を落ち着かせたいときは、高校時代にバスの中で聴いた曲で、当時の感覚に浸ってみたりもした。

そうすることで、試合前の自分の内面を、あるべき場所に持っていくのだ。より高い緊迫感が必要な試合では、自分の個性も心も躍動するゾーンに運びたい。でも逆に、落ち着きたい場合もある。そんな場合、音楽はなしだ。ときには完全な静寂の中に座して、内面を整えた。

鍵は、いずれにしても、自分がどう感じているか、どう感じたいかを知ることにある。そこに気づくことからすべてがはじまる。

家族や友人の理解が必要不可欠だ。

YOU HAVE TO HAVE AN UNDERSTANDING CIRCLE OF FAMILY AND FRIENDS.

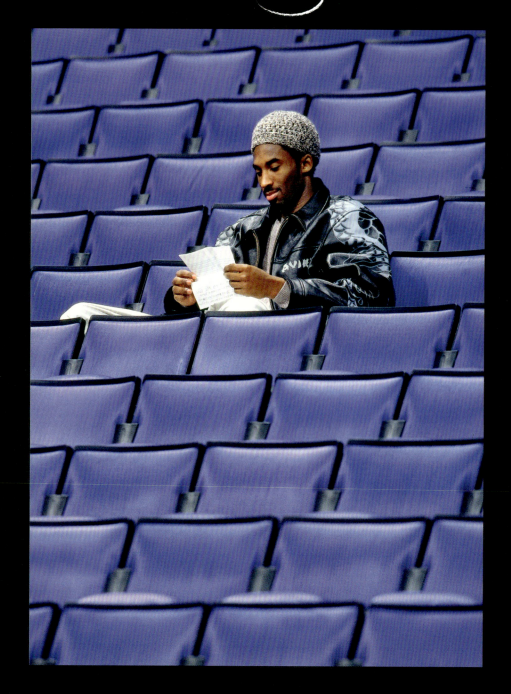

もしも、何かの世界で偉大な存在になりたいなら、徹底的に追求することだ。特定の領域で偉大になりたければ、憑かれたように迫り、求める必要がある。誰もが偉大になりたいとは言うけれど、多くはそれに必要な犠牲を払おうとしない。でも、それでいいのだと思う。誰もが偉大になれるわけではないのだから。

　言いたいことは、偉業は簡単には成し遂げられないということだ。時間がかかるし、多くの犠牲を伴う。難しい選択にもたびたび迫られる。自分にとって大切な人々にも犠牲を強いることになるのだから、それを理解してくれる家族や友だちに囲まれている必要もある。ひとりの人間が偉業達成の夢を追う過程に、どれだけの尽力をどれだけ多くの人が注いでいるか、誰もがわかっているわけではない。

　憑かれたように技を磨くことと、家族に寄り添うことの間には、微妙で繊細なバランス感覚が存在している。それはピンと張ったロープの上を歩いているようなものだ。足を震わせながら、自分の重心を見極めようと試みる。一方に傾きすぎたら修正して進むが、今度は反対方向に傾きすぎてしまう。するとまたその反対に体を傾けて修正する。まるでダンスを踊っているような状態になってしまう。

　偉業達成は、真っ直ぐな道を歩むようには進まない。

　偉業を成し遂げた人には敬意を表したい。言いようのないあの達成感を追い求める人にも、敬意を表したい。

I ALWAYS STARTED OFF MY ROUTINE CLOSE TO THE BASKET.

シューティングはゴールの近くから、
が毎日お決まりの手順だった。

　最初は短い距離から感触をたしかめていく。いつでも、どこでも、どんな状態でもだ。筋肉に刷り込まれた感触で射っていく。少し距離を延ばしてしばらく射ち、また距離を延ばす。この過程をいつも繰り返し行った。それが済んだら、その日の試合で対峙しそうな状況を想定した動きに移行する。スカウティングレポートをコート上でなぞると、これまでに何千回も繰り返してきたことを、体が思い出してくる。

　固定した内容や、毎夜必ず行う鉄板メニューは持たなかった。その夜の体調をたしかめ、ウォームアップの内容を決めた。変化は常に起きている。シューティングを増やすべきと感じれば、射つ回数を増やした。瞑想が必要と感じれば、それをやった。ストレッチに時間をかけるべきと感じれば、ストレッチだ。もし休みが必要と感じれば、寝ることもあった。何事も体との相談である。それはまちがいない。体と相談して、目的意識を持って準備することなのだ。

I ALWAYS LIKED THE PEACE AND CALM OF THE ARENA BEFORE EVERYONE ELSE GOT THERE.

まだ誰も来る前のアリーナの平穏な静けさが好きだった。

私とバスケット。コートにあるのは、自分の想像力と夢。誰もいない大きなアリーナにひとりたたずむのには、なんらかの意味がある。涅槃（ねはん）の感覚のなかで、戦いの準備ができる。通路を抜け出て、ファンの歓声に包まれたとき、それがいかに大音響でも、動じることはなかった。心の中に、さっきまでのあの静寂をとどめ、試合にもその状態で臨んでいた。

I COULD RUN ALL DAY LONG.
1日中でも走っていられた。

　偉大なプレイヤーになりたいなら、素晴らしい状態に自分を保つ必要がある。目を引くワークアウトやトレーニングを話題にする人はたくさんいるが、私は脚力と心肺機能が常に最高レベルで機能するよう、厳しい訓練に取り組んだ。

　心肺機能の訓練では、復元力に重点を置いた。つまり、全力疾走後に脈拍を整える時間の短縮である。そこに絞った理由は、バスケットボールが思い切り走る爆発的瞬間と、そこからの心肺機能復帰に費やす時間、そしてまた爆発的瞬間という繰り返しのスポーツだからだ。私は、次なる爆発的瞬間に、万全の状態でいられるようにしたかった。バスケットボールをそう理解した。

　特に、時間を計測して行う走力トレーニングを、たくさんやった。セット間の時間は徐々に短くなり、オフシーズンを終えるころには、それはほぼゼロに近づいていたほどだ。

I ASKED A TON OF QUESTIONS.
質問は遠慮なくさせてもらった。

　私は好奇心が強かった。うまくなりたかったし、たくさん学んで頭をバスケットボールの歴史でいっぱいにしたいと思っていた。コーチや、殿堂入りした人物、チームメイトに見境なく聞いた。試合、練習、休暇中、どんな状況でも、次々と質問を浴びせかけた。

　私の好奇心と情熱に、多くの人が喜んで答えてくれた。ただ質問するだけではなく、私が純粋に相手の答えを欲し、新しい情報を集めたがっていたことを、皆、理解してくれていたからだ。それが通じず不親切な対応を受けたこともあったが、気にしなかった。恥をかくなら早いうちという考えだ。あとでタイトルを取り逃がして、悔しい思いをするよりずっといい。

JUST DO IT.
ただ、やるだけ。

　日々の準備を怠ることは一度もなかった。それをしないという選択肢もあっただろうが、そういう問題ではない。プレイしたいと思う以上はやって当然のことであり、私はとにかくやり通した。

　自分には厳しいルーティンを課した。早朝も深夜も使った。ストレッチ、筋力強化、トレーニング、バスケットボール、コンディションの復帰、映像研究。努力と時間を費やした。正直、しんどかった。多くのプレイヤーが、シーズン中に筋力強化とトレーニングを削るのもわかる。体力を維持したいからだ。しかし私はそうしなかった。日々取り組み続けるには、相当頑張らないといけないのはわかっていたが、おかげで強くなったし、レギュラーシーズンとプレイオフのいちばん大事な時期にしっかり準備することができた。

　時には、そんな取り組みの結果として疲れが溜まり、眠気を覚えることがあった。練習前、ファイナルの試合前、バス移動の最中、トレーナーのケアを受けている時間、試合の5時間前でも1時間前でも、そうなったら外の世界を遮断した。最高のパフォーマンスに必要な力を取り戻すため、15分の仮眠を惜しまずとるようにしていた。

BREAKDOWN IS AS IMPORTANT AS SETUP.
構築と同じほど大切な崩壊。

　プレイ中の崩壊の話ではない。試合終了のブザーがなった後、多くのプレイヤーはシャワーを浴びてできるだけ早く着替え、切り換える。しかし私には、まだ仕事は残っていた。

　アイシングという、よく知られた確かな手法。それが毎試合、毎練習後のルーティン（お決まり）だった。私はいつも、ふたつの氷嚢を両ヒザの前後と肩にあてがい、両足首を氷のバケツに浸して20分間冷やした。それにより各部の炎症を抑え、その日の活動を締めくくり、次の活動に向けた再生に取りかかるのだ。

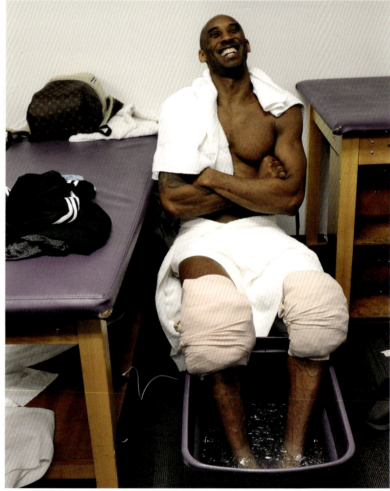

BATH TIME
入浴

　下半身の硬直を感じる日が、どうしてもあるものだ。そんな、下半身がまるごと足かせのように感じる日には、全身で浸かることができる浴槽を使い、よく足首に施していたコントラスト療法のような手法を試みた。ここでも大切なのは、自分の体調に耳を傾け、それによって日々の取り組みを決めることだ。入浴には思いがけない楽しみもついてきた。バスルームでの静かな養生の時間を、私は読書に費やして上達のための研究をすることもできたのだ。

A SONG OF ICE AND FIRE
氷と炎の詩

　コントラスト療法はかなり昔から知られていたが、私が出会ったのは高校時代のことだった。その当時から私は、関節の柔軟性を高め、あるいは体の特定部位を無感覚にするために、毎試合前にそれを熱心に行った。するとそのうちに、かなり特殊なルーティンができあがった。最初の4分間は冷水、それもかなり冷たいものに浸かり、次の3分間は熱い湯に浸かる。次は冷水に3分間、湯に2分間。これを繰り返し、最後に冷水1分間で終わる。戦いに向けた準備の一環として、こんなこともやっていた。

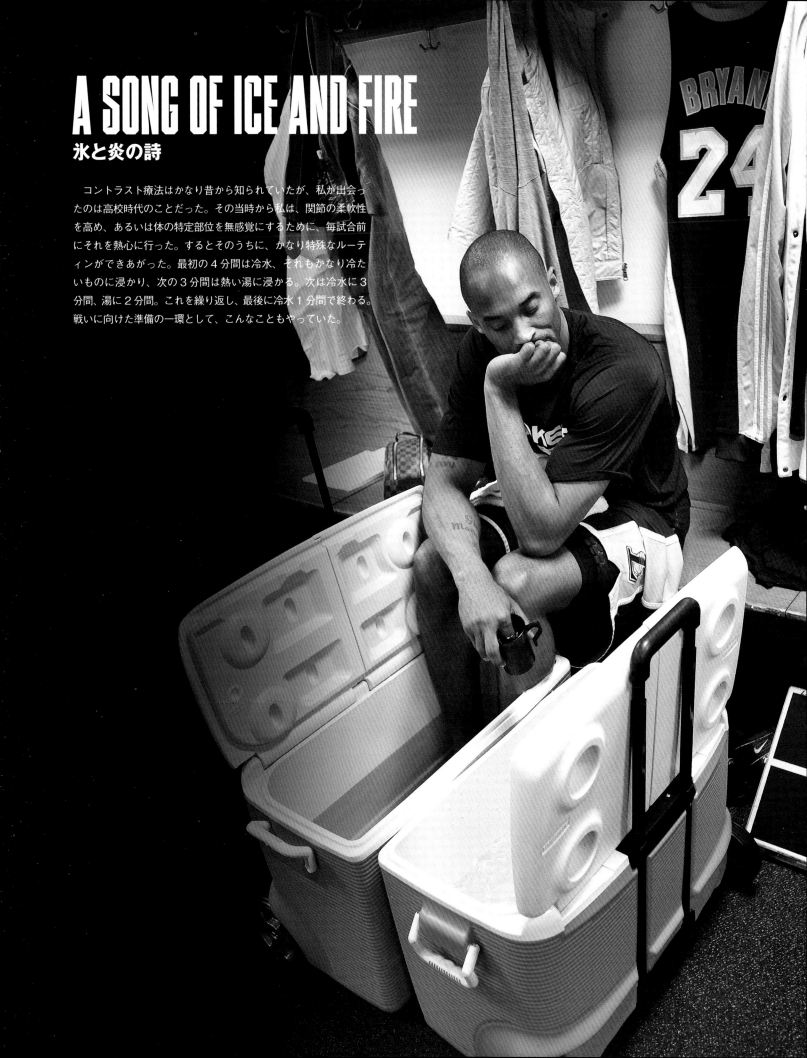

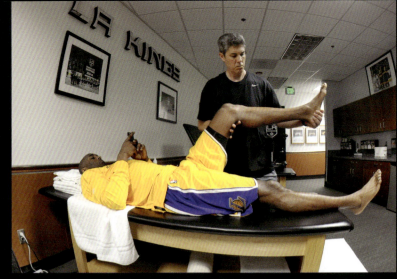

CAUSE AND EFFECT
原因と結果

体のある部位に感じる痛みは、別のどこかに起きた異常に起因している。そう考えると、根本にある原因の治療が、結果としての痛みへの対処よりも大切になってくる。

私はいつも、足首が正しく動ける状態にあり、きちんと動くよう心がけていた。足首が硬いと、ヒザ、臀部、背中という具合に上体に問題を起こす遠因になりうる。だから、試合前は時間をかけて、問題の根元となる足首の状態を入念に整え、症状の悪化を回避するようにしていた。

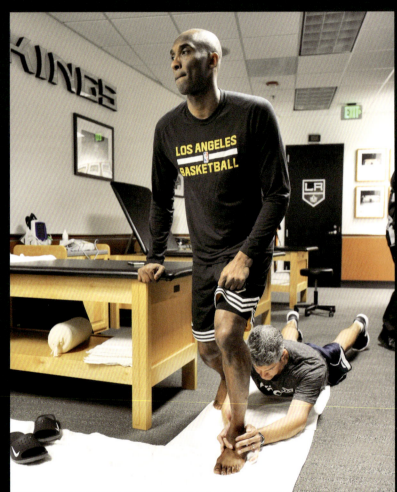

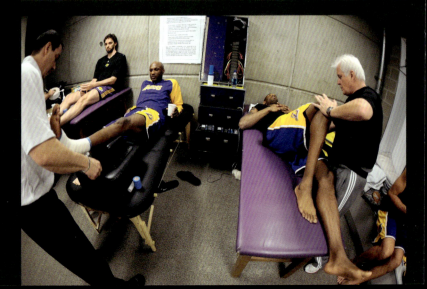

CALIBRATING THE CANNON
静かなる戦闘準備

　ストレッチは試合の2時間前にはじめるようにしていた。そして開始時間が近づくとともに、より大きく動き、関節可動域を広げるように準備していく。特に現役最後のシーズンには、準備を整えて動けるようにするストレッチが大きな意味を持った。背中をピンと張り、肩が前方に丸まらないようにも注意した。

I WASN'T ALWAYS OLD.
若かりしころは。

　子どものころは、ストレッチやウォームアップにことさら気を遣う必要はなかった。コートにきたらシュートを射ち、好きに動いて時間を使った。ダベってテレビを観ていたときもあった。いきなりウインドミルでダンクを叩き込むようなこともやっていた。歳を重ねるにつれ、体調に耳を傾けながら調整することに周到になったのだ。

MY HANDS STILL HURT.
手の痛みは消えない。

　骨折した指は張った状態になる。断裂した小指の腱は再生しない。そんなわけで、手先のウォームアップに取り組み、その強化エクササイズをやっていた。試合前に普通より大きなボールを用意して手のストレッチをやり、ギュッと握ることで、手の腱と筋を呼び覚ますのだ。指は、いまでもちゃんとは動かない。しかし、そういった障害を言い訳にしたことはなかった。人間の身体には再生力があると信じているから。

MY ROUTINE CHANGED OVER TIME; MY APPROACH DIDN'T.

**ルーティンは時とともに変わったが
その姿勢は変わらなかった。**

いつでも知的に鍛え、準備しようと心がけたが、年齢とともに試合前後のルーティンは発展を遂げた。若いときには、爆発的なことをやりたがるものだ。それが歳を経ると予防的な取り組みに気を配るように変わっていく。それはごく自然な流れというものだ。ただし、憑かれたような姿勢だけは変わらない。何をやるにも、毎回毎回、全力を注いで取り組む。そうしなければならない、という思いを持ってはじめるのだ。

WE ALL GOT READY FOR GAMES DIFFERENTLY.
試合前の準備は十人十色。

　シャックと一緒だったとき、私たちはよくテーピングを一緒にしてもらった。その時間は冗談を言ったりじゃれあったり、下らない話をして楽しんだ。シャックと私にとってこの時間は、チームのまとめ役として試合に向けギアを上げていく、良いコミュニケーションを作るきっかけとなっていた。

　これはチームをノセていくことにもつながった。あの空間には、チーム全体の力が満ちていた。そこでは笑顔で楽しめばいい。でも試合開始が近づくにつれ真剣さが増していく。その二分法、空気の変化を感じとって理解するのは、チームメイトにも重要なことだった。

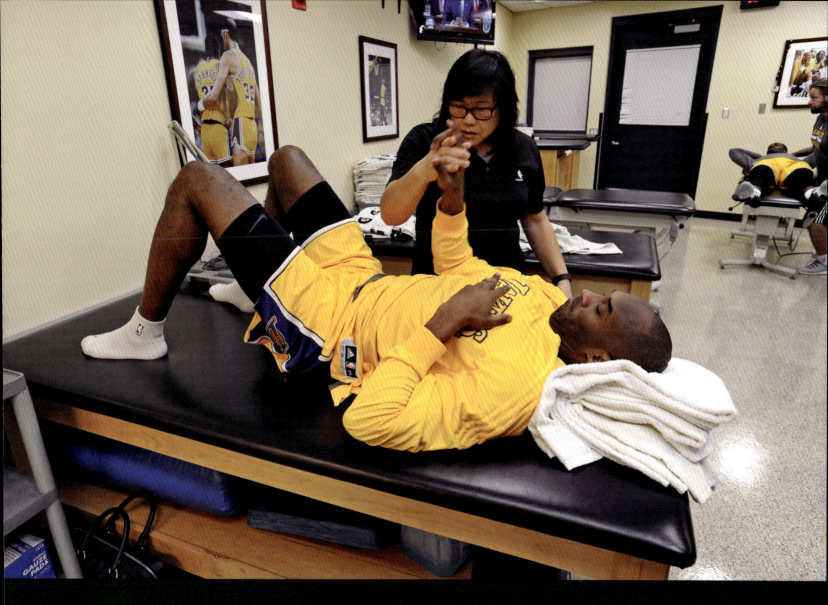

JUDY SETO HAS BEEN WITH ME FOREVER.
ジュディ・セトという戦友。

ルーキー当時、ジュディ・セトは注目の若手トレーナーだった。あるとき、足首を捻った私の担当を彼女が務めたのだが、彼女が治療について、私がバスケットボールに対してそうであるのと同じほど熱中していることが明らかにわかった。あのときから私たちは、決して壊れない絆で結ばれている。歳を重ねるごとに私たちは学び続け、それぞれの技を磨き続けた。その結果、お互いを目指すべき姿に押し上げることができた。

　理学療法士としての彼女の存在なしに、自分らしくあれだけ長い間プレイすることはできなかったと言える。手術のたびに彼女が復帰を助けてくれたし、いつも私のそばにいてくれた。それは

GARY VITTI WAS CRUCIAL TO MY CAREER.
我がキャリアの重要人物、ゲイリー・ヴィッティー。

まず、ゲイリーはイタリアのテーピング職人だ。そして、テーピングの仕事をアートの域にまで高めた人物だ。人が自分の仕事を気に入っているかどうかは、一見してすぐわかる。彼は自分の技に自信を持っている。どの部位でも関係なく——指でも、足首でも——美しく仕上げてくれる。気泡ができたりよれたりしたら、もう一度最初から巻き直しだ。何事もスイスイと運んでいき、完璧になされなければならない。彼は名人であり、私は相当な回数、その練習台になった。

彼だけが私のコンディショニングの生命線だったわけではない。ジュディ・セト（前ページ）は不可欠な存在だったし、神経筋療法士のパレンス・ベイトスもそうだった。私は、有能な人材で構成されたチームに囲まれていた。

彼らはそれぞれが、それぞれの技術探求に取り憑かれた人々だったので、本当に信頼することができた。信じたうえで自分の体に問いかけると、彼らが良い仕事をしてくれているという答えが返ってくる。より心地よく、強く、しっかり準備できたと感じながら、ゲームに臨めた。そんな信頼のもとに、私は彼らと一緒にやってきたのだ。

MASTER OF THE MIX-TAPE
ミックステープの達人

キャリアが深まるとともに、私とゲイリーは足首のテーピングの仕方を変えた。どう変えるかは、その年に私の足首が物理的にどんな状態だったかによって決めた。ある年は安定性を重視したので、白いテープ（伸縮性が低い）を使った。そうでないとき、つまり足首が安定してしっかりしていると感じた年は、より伸縮性のあるテープを使い、バネと動きやすさを取った。プレイするうえで最も重要なもののひとつは、自分の体調に耳を傾け、無理なく準備することだ。それを忘れないように心がけていた。

I HURT MY ANKLE. BADLY.
足首をひどくやってしまった。

　これは2000年のNBAファイナル第2戦、私のキャリアで最悪の足首捻挫をしたときの写真だ。このとき私には、この先もプレイして戦略的に戦う策を見いだす、という使命が課せられた。自分に何ができ、何ができないか、どの方向にならどのくらいの力で踏ん張れるかはわかっていた。となれば、あとはプレイのやり方をその制約のなかで変化させ、支配し続ける道を見つけることだった。

　そのためには、ケガしていても、ボールを持ってどこに動き、どうプレイすべきかを念頭に置いて、自分を動かし続けなければならなかった。一方の足首が使えなくても、コート上で優位性を保ち、私がやりたくないことを強いるディフェンスを相手にさせないようにする。それがあの状況下の鍵だった。しかし実は、どんな状態でもそれがキーポイントだったのだ。

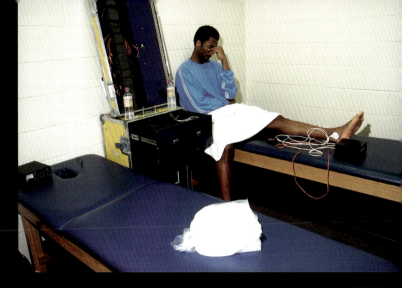

NBA 2K
NBA21世紀

　あのケガ（前ページ）のあと、私は第3戦を休んだが、刺激療法のおかげで、残りの試合ではプレイすることができた。この療法は、伝導パッドにより低度の電流を直接皮膚越しに送るものだ。これが痛みの軽減につながった。ただし足首の状態はひどく、正直なところ、その後の夏はあまりバスケットボールができなかった。その代わりに何かないかと選んだのは、タップダンスだった。

　そう、みんなが知っている、あのタップダンスだ。

　あれは私にとって最もひどい捻挫だったが、はじめてではない。しかし、事前の対策として足首の強化に取り組む必要性を認識したのは、あのときだ。調べてみると、タップダンスは足首の強度を高める最善の策だとわかり、かつ同時に、足の動く速度とリズム感の向上にもつながると思えた。そこで先生についてもらい、スタジオ通いをはじめた。あの夏の取り組みにより、その後のキャリアでもタップダンスから恩恵を受けることができた。

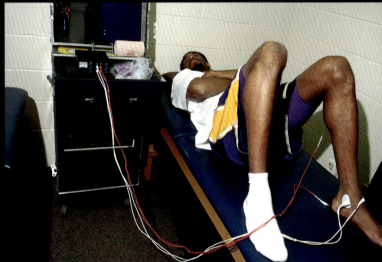

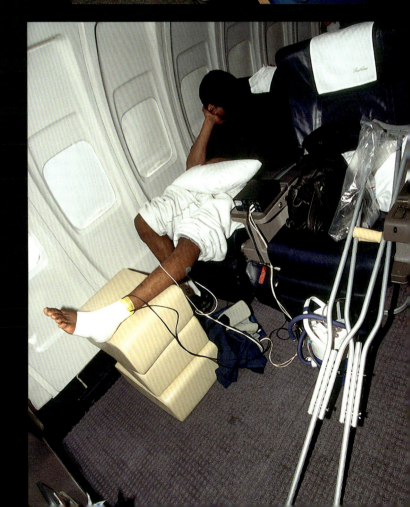

JERRY WEST

ジェリー・ウエスト | ジェリー・ウエストと私は、父子的な関係になった。

Jerry West and I had a father-son type of relationship

彼は私のキャリア初期の、大切な瞬間の多くに立ち会ってくれた。特によく覚えているのは、彼のレクサスで一緒に最初のワークアウトに向かったときのことだ。私は、「おお、オレ今、ジェリー・ウエストの隣にいるぜ」と興奮していた。私は彼のキャリアの輝かしい瞬間や名勝負について、聞きまくった。彼が喜んでくれたか、うんざりし

その後間もなく、ジェリーは尊敬できる人間には真っ正面から物を言う人だと知った。もし彼が本気で誰かを気にかけていたら、耳が痛くなるようなことでも率直に言ってくれる。私にはいつも、真っ正面から物を言ってくれた。

MAGIC JOHNSON

マジック・ジョンソン ｜ マジックとは、最初の年にL.A.であった。

I MET MAGIC DURING MY FIRST YEAR IN L.A.

　私たちは、UCLAでのピックアップ・ラン※で対面した。私がストレッチをしながらプレイする準備をしていたところに、彼が入ってきた。あれがはじめて——そして最後だったと思う——マジックとプレイする機会だった。ものすごく楽しい体験だった。それ以上に、彼と話せたことに意味があった。私はバスケットボールの発展に寄与したプレイヤーたちを崇拝しているし、彼らの考え方に触れられる機会を大切にしてきた。私が見た、そしてその後見ることになったすべてのもの、あらゆるタイプのディフェンス、オフェンス、プレイヤー、チームと、彼らは何年も前から対面してきているのだ。

　長年走り続けてきた車輪を調べもせずに、新しい車輪を作るなど、愚の骨頂だ。マジック・ジョンソンは特別なプレイヤーであり、私は特に重要な教訓を、彼のプレイからたくさん学んだ。

　例えば、ドリブルからの体の使い方——ドリブルからのスピンムーヴ——と、最高のバウンスパスの出し方がそれだ。私はかねがね、コートの端から端まで通すマジックのバウンスパスを素晴らしいと思っていた。いったいどうやったらあんなパスができるのかと思っていたが、これも教えてもらった。秘密は彼のバックスピンのかけ方にあり、それがためにボールはディフェンスを切り裂いて、攻め上がるチームメイトの手に柔らかく収まるのであった。もうひとつ、彼のパッシングゲームの鍵となっていたのは、予知能力だ。マジックは、受け手が空いていると自覚するよりも前にパスを出すことがあった。彼がそうできたのは、ディフェンスの動きを読み、次のプレイが展開される前に見透かしていたからだ。チームメイトに完璧な得点機会をお膳立てするマジック——ディフェンスはただ唖然とするばかりだ。

※NBAプレイヤーや大学の有能な連中が集まってスクリメージ（5対5のゲーム）を流すセッション

KAREEM ABDUL-JABBAR

カリーム・アブドゥル=ジャバー ｜ カリームは、私が2歳のときに会ったのを覚えているという。

KAREEM SAYS HE REMEMBERS MEETING ME WHEN I WAS TWO

　彼と私の父（ジョー）は仲が良かったので、あるとき、サンディエゴ・クリッパーズに所属していた私の父が、試合後カリームに私を抱っこさせたそうだ。カリームは、そのとき私を頭上に持ち上げて遊んでくれたのを覚えていると話してくれた。
　私にはその記憶はないが……。
　7年生（日本の中学1年生）のとき、彼の本について感想文を書いたのを覚えている。それを書くための下調べで、私は彼のすべてを学んだ。パワーメモリアル高時代から UCLA、ミルウォーキー、そして L.A.。彼の物語は本当におもしろい。

　彼が作ったポストプレイのビデオを見て、その中からドリルをいくつか取り入れたこともある。だから、彼が私たちのスタッフに加わったときは、歴史的な出来事についてよく話したものだ。オスカー（・ロバートソン）とプレイしたときのこと、何度も戦ったセルティックスのこと、パット・ライリーの下で展開された L.A. のショウタイム・バスケットボールのプレイの数々。私たちは本当によく話した。

MUHAMMAD ALI

ムハマド・アリ ｜ 憧れのムハマド・アリ。

MUHAMMAD ALI IS AN ICON.

　ムハマドを見て研究した結果、学んだことがたくさんある。主な収穫のひとつは、明るい日射しの下で輝くには、暗がりでの努力が必要というものだ。つまり、成功するには大きな努力が必要で、人は成功、またその輝きとそれによる感動を祝ってくれる。しかしその感動の影には、熱心さ、専心、真剣さ——どれも他の人々には見えない——がある。もし技を磨く熱心さを欠けば、コマーシャルや契約はすべて遠ざかる。

　ムハマドは計画立てた戦い方にも秀でていた。彼の戦術から、私はロープ・ア・ドープ※を見習った。これはキャッチフレーズとしてはよく知られた言葉だが、私はその背後にある、相手の強みを操ってこちらの強みにする、心理学的な考え方に関心した。秀逸な概念で、しばしば私は応用させてもらった。

※ボクシングで、自らはロープにもたれて相手にパンチを射たせ、ガードで凌ぎなら相手を疲れさせる一方で
カウンターを狙う戦法

BILL RUSSELL

ビル・ラッセル ｜ 偶然で11度もチャンピオンリングを勝ち獲ることはできない。

You don't win 11 rings by accident.

ビル・ラッセルが、指の数より多くリングを勝ち獲れたことには、理由があって当然だ。数年前、私は彼の自伝を読みあさった時期があ る。そこから学んだ価値ある教訓はたくさんある。なかでもひとつ、忘れられない逸話があった。そのなかで彼は、人々から常々ボールハンドリングがよくない、ボールの扱いとシューティングがわかっていない、と言われたことを回想していた。彼に言わせれば、そういう技能もすべて持っていたが、ボブ・クージーがいるのに、なんで自分が速攻の牽引役になるのか、となる。サム・ジョーンズがウイングに控

られるべきメッセージは、チャンピオンシップを狙うなら、チームメイトをそれぞれの得意なことに集中させ、自分自身も最もうまくできるものに集中すべきだということだ。彼にとってのそれはリバウンドであり、走りまくることであり、ショットブロックに跳ぶことだった。

単純明快だが、奥深い教えだと思った。それまで、他の誰かから聞いたことのない洞察だった。あの本を読んで間もなく、ビルに連絡をとって親しくさせてもらうようになり、師と仰ぐようになったことで私の世界は広がった。

BYRON SCOTT

バイロン・スコット | 移動のバスでは隣同士並んで座った仲だった。

WE USED TO SIT NEXT TO EACH OTHER ON THE BUS.

ルーキーシーズン、バイロンと私は話すことが多かった。相当話したと思う。彼はベテランとして知る物語、マジックやカリーム、彼らとともに戦ったシリーズのことを語った。歴史的な出来事についての知識をいろいろと話してくれた。彼はまた、何人かのシューティングガードを抑える方法も教えてくれた。

スクリーンの周囲をすり抜け、マッチアップ相手を追いかける方法をはじめ、NBAの戦略的なディフェンス練習にもよくつきあっても

らった。その他には、バイロンは私に時間の使い方——1日を最大限有効に過ごす方法——を伝授してくれた。

バイロンが、私の最後のシーズンにコーチとしてレイカーズに戻ったとき、私たちは兄弟のようだった。離ればなれになる以前と同じように話し、良い関係になった。サイドラインの同じ側にいられてうれ

A GOOD COACH IS OF THE UTMOST IMPORTANCE.
良いコーチに出会うことは何よりも重要だ。

　コーチは教師だ。そして、普通のコーチなら言い聞かせて終わるところを、優秀なコーチは、良い仕事をするために必要な基本的な考え方や、それによる武装方法を教えてくれる。簡単に言えば良いコーチは、教え子がまちがいなく両手を使えるようにし、プレイを読むことができ、バスケットボールという競技を理解できるように導いてくれる。良いコーチは良い漁場を知っている。さらに秀でたコーチならば、そこでの魚の見つけ方も教えてくれる。これはどの年代でも同じだ。

　特定の状況下、例えば試合の真っ只中などには、良いコーチならば実効性の高い情報を伝達してくる。何が効き、何が効いていないかを指摘してくれる。その指摘と自分の試合勘を頼りに、与えられた情報のいくつかは即座に適用し、あとは勝負どころにとっておく。ここぞというところでガツンと叩くためだ。

PHIL JACKSON WAS MORE THAN JUST A COACH— HE WAS A VISIONARY.

**フィル・ジャクソンは単なるコーチ以上——
すべてを見透かすことができる指導者だった。**

アシスタントのテックス・ウィンター（次ページ）がとにかく繊細だったのに対し、フィルは物事を大きくとらえる人だった。彼はバスケットボールの概念、大枠を語ろうとした。彼は細々した説明抜きに、チームとしてまとまることの重要性と、A地点からB地点、さらにC地点――つまりチャンピオンシップ――に至る道筋を解くことができた。みなぎる力、流れ、瞑想についても、チームの仲間たちに理解させることができた。

私たちは素晴らしい関係を構築し、ご存じのとおり数々の勝利を手にし、パープル＆ゴールドの歴史を紡いだ。私たちの関係がうまくいった理由のひとつは、いろいろな意味でお互いに対局にあったからだ。どのチームにも、反旗を翻すスタープレイヤー、あるいはそんな個性を持つコーチが必要なものだ。サンアントニオでは、グレッグ・ポポビッチがその役割で、ティム・ダンカンはそうではなかった。ゴールデンステイトでは、ドレイモンド・グリーンは反骨心旺盛だが、スティーブ・カーは違う。私たちの場合、フィルはそのタイプではなかったので、私がその方向性を提供した。この対極的な力の均衡は（チームにとって）必要なものであり、その意味でフィルと私はお互いに完璧なはまり役だった。

ただし、お互いを完璧にぴったりな存在と認識できたのは、2度目に一緒になってからのことだ。最初に一緒だったとき、フィルにとって私は、コーチしにくかったと思う。彼は、私が彼の権威に疑念を抱き、計画の実効性を信じず、聞く耳を持っていないと考えた。しかし2度目には、あれは私が単に自分らしくしているだけだととらえてくれた。非常に知識欲が強く、質問をためらわないだけで、そうやって情報を吸収して学んでいるだけだと悟ったのだ。そう感じ取った彼は、より忍耐強く私に接してくれた。以前よりどっしり構え、私の質問に答えてくれたし、多くを語ってくれた。

今、自分の娘たちのチームを指導するようになり、そこでトライアングル・オフェンスをやっている。最近フィルに電話を入れ、チームの子どもたちに教える内容に関わってもらうようになった。彼は、私が彼の教えから非常に多くを学んでいたことに驚いていた。これほど細部に及んで記憶にとどめ、子どもたちに伝授していることに、びっくりしたようだ。

TEX WINTER WAS A BASKETBALL GENIUS.
バスケットボールの天才
テックス・ウィンター。

　計り知れないほど多くのことを、私は彼から学んだ。テックスは特に、試合の進む過程のとらえ方を示してくれた。その真髄を教えてもらったと思う。些細な部分に命を吹き込み、その究極の重要性を解く。テックスはそんな人だった。

　極度に忍耐強いのも、彼の特徴だった。L.A. ではじめて一緒になった年、私たちは1試合1試合、すべて一緒にビデオを見直した。プレシーズンも、レギュラーシーズンも、プレイオフもだ。私たちはまさに、バスケットボールに浸った。常に細部に目をやり、教え学び、一緒に忍耐強く取り組んだ。それがテックスだ。良識を持ち、バスケットボールに対してもそのままだった。彼のようなコーチは稀だ。その下で学ぶ機会を持つことができ、私は幸運だった。

I ALWAYS SAID LUKE WALTON WAS DESTINED TO BE A COACH.
ルーク・ウォルトンはコーチになる それが運命だと、私はいつも言っていた。

　ルークは非常に賢いプレイヤーだった。それに、コーチになる人の特徴も持っていた。腰痛は昔のフィルのようだったし、(フィルと同じ)ヒッピーの血筋じゃないか。彼にはいつも(チャカして)そう言っていた。彼はあまりおもしろがらなかったが。

　真面目な話、ルークは秀でた試合勘を持っていた。彼は系統立てて物を見る方法を理解していたし、わかりやすくやり取りできる人物だった。そんな特徴が混ざりあった彼を見て、これはきっと良いコーチになるだろうと思っていた。

T'D UP
テクニカルファウル

　私も何度か、テクニカルファウルを吹かれたことがある。それでも、大多数のレフェリーと良い関係を築いてこられた。その大きな要因は、お互いに敬意を持って接したことだ。私はよく彼らに話しかけたし、対話して一体感を作った。そんな関係だと、たまに言い返したり何かを指摘したとしても、意味合いが他とは違ってくる。少なくとも、口を開けばいつも文句ばかりの者よりは、良い待遇だった。

　最後のシーズンに各地を転戦しながら、オフィシャルの人たちといま一度顔を合わせられたのは、本当うれしかった。言葉を交わし、昔話をしながら笑い、一緒に思い出を振り返った。私はレフェリーを務めてくれる人たちを、本当に尊敬している。

REFS HAVE A DIFFICULT JOB.
レフェリーは難しい仕事だ。

　彼らの仕事は、ただ会場に来て、目前で繰り広げられる高速度の展開を追いかけ、管理するだけでは済まない。熱くなる試合に込められた感情の鋒（ほこ）を、受け止めなければならないのだ。一方で、彼ら自身もロボットではないのであり、自らの感情にも対処し、かつ客観的でいなければならない。

　これは厳しい仕事だ。ミスを犯せばこき下ろされる。しっかりこなしても、誉め言葉のひとつもない。私はいつも、これを忘れないよう心がけ、十分感謝されることなく様々な思いを胸に秘めた、人間としての彼らと接した。それが恩恵として返ってきたことも多かった。

READING IS FUNDAMENTAL.
読むことは基本。

　私は審判ハンドブックを読むことにも、意味があると思った。そこからわかったことのひとつに、レフェリーにはそれぞれ、自分が担当するよう特定区域があてがわれている、というのがある。ある瞬間、ボールがW地点にあるとすると、レフェリーX、Y、Zの3人は、それぞれがあてがわれた区域を担当するのだ。

　彼らのこの方法には、死角が伴う。フロア上に、特定の出来事を追いきれない区域ができてしまうのだ。私はその区域を調べ、うまく使った。ホールディング（相手を掴むファウル）やトラベリングなど、小さな違反行為（ヴァイオレーション）をやらかしても、レフェリーの仕事の限界を理解するためにハンドブックを読むという時間を割いたおかげで、見逃されたことがあったのだ。

PLAYING THROUGH THE PAIN

痛みとともに戦う。

　これは2009年12月11日、指を痛めた直後の写真だ。ゲイリーが状態を確認して、重症度を見極めようとしてくれている。そそくさとアリーナ奥にある一室に引っ込み、レントゲンを撮ると、ゲイリーは骨折だと言った。私は「わかりました。さあ、早く戻してください」と返した。

　ゲイリーは驚愕の目で私を見ていた。

　「これはすぐに回復する？」と続けると、ゲイリーはそれはないと答えた。そこでさらに、私はこう返した。「ですよね。何もできることはないし、最悪の状態ってことでしょう。ならば、テーピングしてプレイさせてほしい」

　あのあと私たちは、指先と付け根に添え木がわりのバネをあて、その回りにスポンジ状の伸縮性ラップを、何重にも巻き付けた。ボールがそこに当たると、やっぱり痛かった。しかし、しっかり固めてもらったし、痛みはある程度軽減されたのだから、気持ちのうえではこれくらいならできるという感覚だった。

　これをやり続けた。シューティング・アラウンドも、練習も、試合も。そうやって乗り切った。

I HAD TO CHANGE MY SHOOTING FORM.

シューティング・フォームを変えなければならなかった。

2009-10シーズンに右手の人差し指を痛めたあと、もうそれ以前の射ち方ではやっていけないのが明らかだった。あのときまでは、2本の指（人差し指と中指）からボールを放っていた。痛めたあとは、中指を使うことに注力しなければならなかった。中指がボールを放つ最終点になり、人差し指は浮かせるような感じにしないとうまく射てなかったのだ。

この変更に費やしたのは、ほんの数時間の練習だけだ。ただし、普通の練習ではなかった。新しいシューティング・フォームというソフトウェアをダウンロードし、インストールするような感覚だ。そのため、その期間は毎回1000本入るまで射ち続けると決めて取り組んだ。

よく、それで何か影響があったかと聞かれる。シューターとして腕が上がったり、あるいは下がったりしたか。これは難しい質問だ。言えることは、しょっちゅう人差し指の感覚がなくなったということ。まったく無感覚になることがあったのだ。もうひとつは、その状態で、もう一度チャンピオンシップを獲得できたこと。大事なのはそれだけだ。

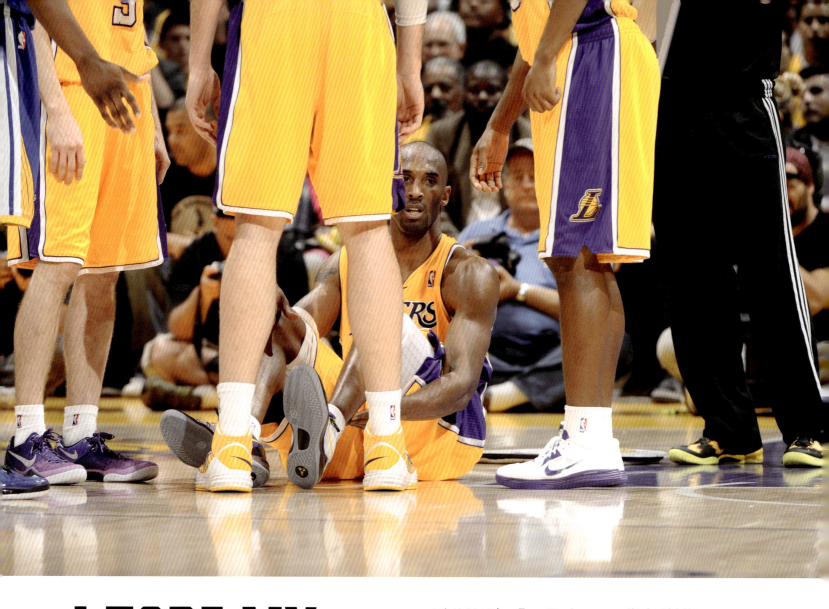

I TORE MY ACHILLES.
アキレス腱を断裂した。

　これは2013年4月12日。ウォリアーズ相手の試合終了まであと3分の場面だった。即座に切ってしまったのがわかった。それを感じてすぐに足を見下ろすと、下腿の後ろ側に、腱が巻き上がっているのがわかった。それでも歩こうとしたし、どうにかプレイできないかと考えた。しかし、できるのはフリースローを射つことぐらいだというのが明らかだった。コートを降りるしかなかった。

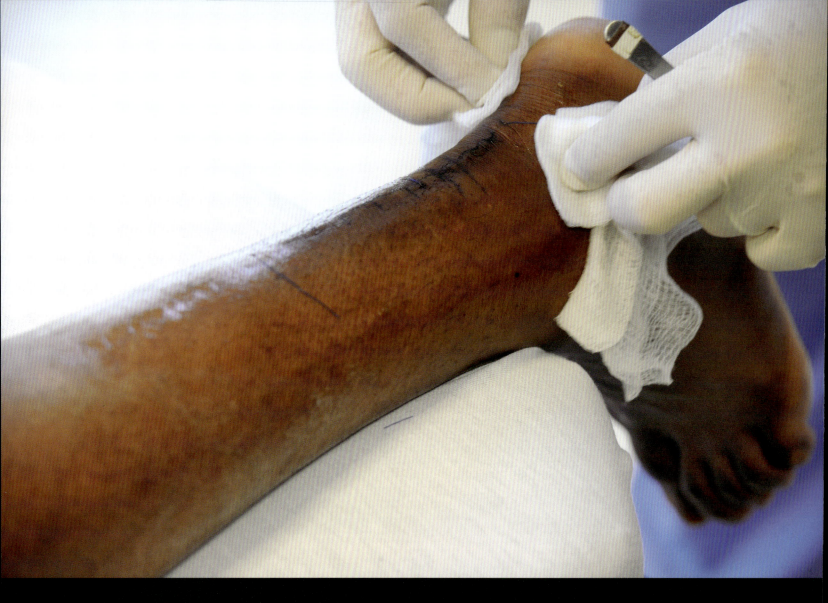

THE ACHILLES INJURY WAS MY PERSONAL MOUNT EVEREST.
アキレス腱断裂からの復帰はエベレスト登頂のように険しかった。

2013年、この故障に見舞われコートから歩いて出ていくとき、妻が私の頭を揺さぶった。相当重傷だと、彼女にもすぐにわかったのだ。

私はロッカールームのトレーナー・テーブルに直行した。ゲイリー・ヴィッティー、そして外科医でレイカーズの小口オーナーでもあるパトリック・スーン＝シォン（現ロサンジェルス・タイムズのオーナー）がいた。早速相談をはじめると、パトリックがこう言った。「新しいことだ」。

私は「そうしましょう」と答えた。迷いはなかった。そして私たちは、手術に向けた計画作りに翌朝すぐにとりかかったのである。それから間もなく家族がやって来て、話し合いとなった。皆が嘆くなか、私は子どもたちの質問すべてに答えた。父さんは大丈夫だから、と約束した。そのあとしばらくしてから、松葉づえをついてころばないよう気をつけながら、シャワーを浴びた。メディアにも知らせ、明くる日手術に臨んだ。

アキレス腱をやる以前から、私はこれからのキャリアについて考えていた。体が相当消耗し、残された時間はそう長くはないだろうと感じていた。アキレス腱を痛めたとき、私はこれをあらたな挑戦ととらえた。もう戻ってこられないかもしれないと言う人も多かったが、私はこんなことに負けるものかと思っていた。ケガで引退を強いられるなど、私には考えられない。私はこの高く険しい山を必ず征服してや

I TOOK THE DESIGN OF MY NIKES VERY SERIOUSLY.
ナイキのシューズのデザインには大いにこだわった。

これについても、大切なのは技術と細部へのこだわりだ。見映えがよく目立てばいいというプレイヤーもいるが、私にとって重要なのは、最高のパフォーマンスをさせてくれるかどうかだ。毎夜48分間、自分の足にしっかり仕事をさせる使命がある。

自分の名前を冠したスニーカーに搭載するテクノロジーについては、絶対的に完璧でありたかった。だからどんな些細なことにも気を遣った。重量とそのバランス、素材、生地のカッティング、トラクション性能（接地面から駆動力を生み出す性能）から、丈夫さまでこだわった。すべての形状、輪郭、縫い目まで、周到に考えた。どこにも手抜きをしたくなかった。シューズの中で足がぶれるようでは困るのだ。試合に対する集中を、一瞬でも削ぐような要因はいらない。ただ履き心地がよいだけではなく、私の仕事を助ける存在でなければならない。

ナイキは幸運にも、そういうアプローチを気に入ってくれた。どのシグニチャー・モデルにも、その前のモデルから何らかの改善が施された。よりよいモデルを生み出し続け、革新と偉大さを追求し続けた。

AN EVOLUTIONARY REVOLUTION
進化をもたらす革命

2008年、私は、次に世に出すシグニチャー・モデルをロートップ（いわゆるローカット）にしたいと考えた。ナイキにそれをはじめて話したとき、彼らはそのアイディアを拒んだ。私は折れずに「それはおかしいでしょう。フィル・ナイト（ナイキ創業者）が口癖のように唱えていたのは、アスリートの声に耳を傾けよ、ということでしたよね。私はアスリートで、ローカットにしたいと言っているんです」

あれは、サッカーを見て思いついたアイディアだった。サッカーでは、プレイヤーの足首と下腿に、バスケットボールよりずっと大きな駆動力が働くのに、ローカットのスニーカーよりさらに低くカットされたブーツ（スパイク）を履いている。ならばバスケットボールでできない訳はない、絶対できる。そう考え、実行した。

コービー IV は革命を起こした。フットロッカーに出向いて、コービー IV の販売促進を手伝わなければならなかったころが懐かしい。何しろ、どうやって売ればいいのか、誰にもわからなかったのだ。それは革命前夜と言えばよいだろう。ハイトップがプレイヤーの足首を守る、というのは誤信・迷信だ。実際には足首を弱くし、可動性を阻害する要素にもなる。

KEEP IT REAL.
素顔で臨む。

若いころは、とにかく見た目、見た目、見た目という考えだった。メディアにはいつも、そんな気持ちで臨んでいた。しかし、経験を積んでいくうちに悟った。結局どうやっても、ある人は私を好きになってくれるし、別の人には嫌われるのだ。だったら素のままがいい。あるがままの自分をさらして、好き嫌いは人に任せたほうが良さそうだ。そう悟ったあと、私は受け答えをきっぱり、単刀直入にするよう心がけるようにした。ユーモアや皮肉も織り交ぜた。ファンもレポーターも徐々に慣れて、本音の私を楽しんでくれたと思う。

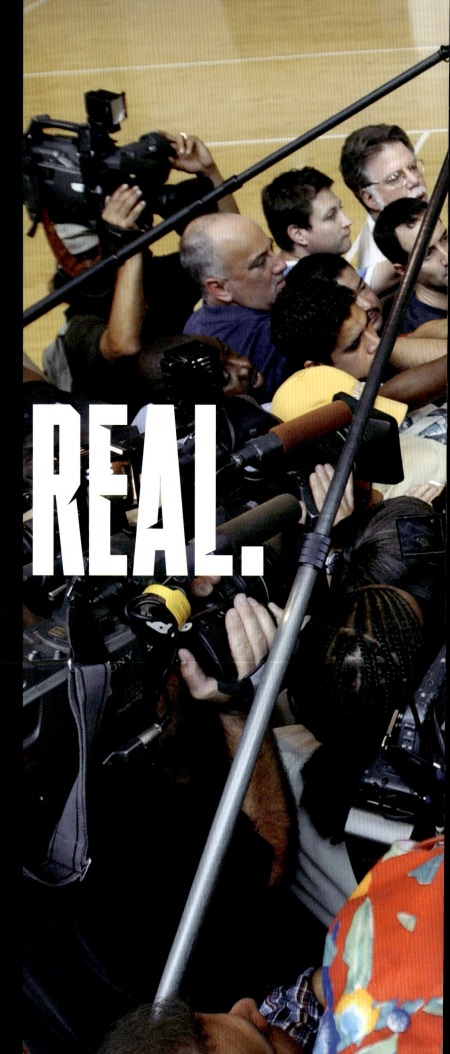

THE BIG UNKNOWNS
大いなる未知

　アメリカ代表では、私のルーティンはNBAと比較して不安定だった。自分としてはロードでのルーティンを踏襲しようとしたが、未知の環境が立ちはだかる。NBAシーズンなら、どの町でも会場のあり様がわかっていたので、移動のバスから試合終了まで、一連の流れを想像することができた。

　しかし、中国、スペイン、英国、トルコなど海外に行くと、会場までのバスがどんなだかも、トレーニング室の様子も、アリーナのレイアウトも思い浮かべることができない。細かな部分がいつもと違うので、いちいち調整しなければならなくなるのだ。

　内面的には、代表活動に対して最大限張り詰めた緊迫感で臨んだ。これまで対戦したことのない、他国で最高のプレイヤーたちと戦うのだから、気合いが入った。映像から相手の特徴を探った。未知なる脅威である対戦相手のプレイヤーたちに、無防備なまま対面するのだけは、絶対に避けたかった。すべてに準備が必要になってくる。

COACH K AND I BECAME CLOSE WHEN I WAS IN HIGH SCHOOL.
コーチKとは高校時代からの顔なじみだ。

　私は、彼の勧誘を受ける過程で、彼を非常に尊敬するようになった。大学にもしいくことになっていたら、行き先はデューク大だっただろう。あれから10年以上が過ぎたあと、アメリカ代表として彼の下でプレイできたことで、念願がかなった。

　彼について、いくつか特筆すべきことがある。ひとつはあの緊迫感が好きだった。もうひとつは、プレイヤーを気遣い、愛する姿勢だ。何より、彼の闘争心は私と共鳴した。私たちは、勝負に対する姿勢が同じだった。目指すのは勝利であり、敗北など口にもしない。

　コーチのマイク・シャシェフスキーは、私たちの祖国を非常に重くとらえている。彼は、国を背負う代表の意義を、胸に叩き込んでくれた。彼がやってくれたこと——アメリカ軍将校の講話を聞く機会や、チームの準備の過程に兵士たちに関わってもらったこと、国立記念碑の数々を巡ったこと——それはすべて、祖国への称賛と愛を深めるためだった。私たちの実際のプレイ[※]を見たら、それは感じてもらえたのではなかろうか。

※コービーは2008年の北京オリンピック、2012年のロンドンオリンピックの2度、コーチKの下でアメリカ代表としてプレイし、いずれも金メダルを持ち帰っている

I ALWAYS AIMED TO KILL THE OPPOSITION.
相手の息の根を止める。

　レブロンとたくさん話したことといえば、"キラー・メンタリティー（冷静な心理）"をいかにして養うかということだった。彼は、私が毎回の練習にどんな姿勢で臨むかを見た。私は何度も彼に挑み、ほかの連中にも挑んだ。

　そういえば、どうしようもない戦いっぷりのまま前半を終えた試合があったのを覚えている。ハーフタイムにロッカールームに戻った私は連中に——子どもにはとても聞かせられない言葉遣いで——オレたちはいったい何をやっているんだ、と問いかけた。後半のレブロンは、奮起の活躍を見せた。真に支配的な心理で望んだ結果だ。あれ以来、彼はそんな姿を見せ続けている。

WHEN I WAS ON THE NATIONAL TEAM, I COULD FOCUS ON WHAT I WANTED TO.
ナショナルチームでは、自分が集中したいことに全力を注げた。

あれだけ人材がそろっていれば、私自身がオフェンス面を心配する必要はないとわかっていた。点数を稼ごうと思いつめる必要もなかった。だからこそ、私はいつも強く望んでいたように、ディフェンスにただただ全力を尽くすことができたのだ。そのおかげで、相手プレイヤーの自由を奪い、ゲームから消し去ることに専念できた。

そうした意味で、他の素晴らしいプレイヤーたちと一緒に戦うのは楽しかった。D・ウェイドと私はたびたび、ボールを奪う方法を話したものだ。彼はパスコースを読むのが上手く、私はボールを持つ相手を追いかけるのが得意だったので、私はD・ウェイドがパスを奪い取れるように、自分の敵をコーナーに追い詰めて動けなくさせた。

あのようなプレイヤーと、それまでに組んだ経験はなかった。自分のゲームスタイルに合った長身プレイヤーや、さまざまな仲間たちとやってきたが、あれほどまで爆発的なガードははじめてだった。D・ウェイドとのコンビは、まるで狩猟に行くような楽しみがあった。

I WAS ONE OF THE ELDER STATESMEN ON OUR NATIONAL TEAMS.
ナショナルチームでは、発言力ある兄貴分のひとりだった。

　すでに王座に3度就き、ファイナルに進出したばかりだった私は、もう一度やり直す覚悟ができていた。その点では、私はロッカールームのボス的な存在だった。実際、私が他のプレイヤーたちの知恵を借りるというより、経験豊富な私のやり方を聞きに、彼らのほうがやってきた。

　私たちの会話は大部分が、バスケットボールの実践的なプレイについてだった。なぜなら、国際試合は（NBAとは）違うやり方でプレイされるからだ。私はイタリアでプレイしながら育ったので、彼らよりもよくわかっていた。だから、他のプレイヤーたちが動き方やチームの作戦を適応させられるよう協力した。

MY PROCESS WITH TEAM USA WAS DIFFERENT FROM MOST OF THE OTHER GUYS'.
チームUSAでの私の行動は、他のプレイヤーたちとは違っていた。

　大半のプレイヤーたちは、毎試合ごとに音楽を聴いていた。一様にヘッドフォンをつけ、ふさわしい心持ちになるために音楽に頼った。なかには歌ったり、ダンスする者さえいた。一方、私は滅多にそんなことをしなかった。たまにヘッドフォンをつけても、音楽はナシだ。それは他の人を遠ざけ、自分の世界に入るための装いだった。試合の前は大抵の場合、ただその場に身を置き、周りの音に耳を澄まし、物事を観察した。

I'm trying to FEEL
the ENERGY OF THE
ENVIRONMENT.

その場を満たす力を感じ取る。

　国歌が流れる1秒1秒の時間に、特別な価値を感じた。どんな小さな音も聞き逃さず、アリーナを満たすエネルギーを取り込もうとした。その時間は、その瞬間に起きていること、傍らのチームメイト、正面のゴール、背中のゴール、すべての物、音に意識を向けている。それは完全に意識を集中させた状態で、アリーナのすべてを理解することだ。

　そうして私は、その場のエネルギーを感じ取り、自分の中に流れ込ませようとしている。それが私を駆り立て、力強いパフォーマンスへといざなう。

　私は、子どものころから自然にそうしてきたので、深く考えたりはしなかった。でも、フィル・ジャクソンが来て、そんな自分特有の瞑想の重要性を理解しはじめた。その重要性は、次第に高まっていったのだ。

I WOULDN'T SAY MY LEADERSHIP STYLE CHANGED OVER THE YEARS.

リーダーシップの取り方が年を経て変わったというつもりはない。

私は挑発して相手を困らせるのが好きだった。それこそが、自己反省をもたらし、改善をもたらすものだからだ。私は他のプレイヤーに対し、最大限の力でぶつかってくるよう挑発していたと言える。

そのやり方が揺らぐことはなかった。しかし、ひとつ調整を要したのは、相手によってアプローチの仕方を変えるということだった。私は誰にでも挑発を仕掛け、気楽には過ごさせなかったが、それぞれに合わせたやり方でそうしていた。何を誰に対してすればうまくいくのかを知るために、私は下調べをし、彼らがどのようにふるまうかを見た。彼らの過去を知り、目標は何なのかを聞いた。彼らが何によって安心できるのかということや、どこに最大の疑念を抱いているのかを聞いた。一度彼らのことを理解すると、私はふさわしいときにふさわしい感情を刺激することで、彼らの最良・最高の姿を引き出すことができるようになった。

最初にチャンピオンシップを獲得したシーズンのはじめ、テックス・ウィンターは私にトライアングル・オフェンスを任せた。

　彼は私を——経験の浅い私を——コート内の実質的なリーダーに据えた。私からの射てという指示に苛立ちを見せるチームメイトもいたが、ほとんど気にしなかった。テックス・ウィンターが——あのテックス・ウインターが——私に任せたのだから、私たちからどこそこに動けと言われたくないなら、反論してみればいい。

　一度私の意欲を理解すると、彼らは言うことを聞くようになった。私が経験を積んでいくにつれて、彼らは理由さえ気にせず、直感的に従うようになった。私がチームのために何を目標としているのか、何をしようとしているのかを理解してくれたのだ。

　最後の数年間、私はまだ経験の浅いディアンジェロ・ラッセル、ジョーダン・クラークソン、ラリー・ナンス・ジュニアら若いチームメイトたちに、とても厳しく対応した。自分の20年間にわたる経験を、彼らの成長を促すのに役立ててほしかったからだ。それから2、3年たった現在、ジョーダンがクリーブランドで私と同じナンバーのユニフォームを着ているのが、とても誇らしい。彼らが私の意欲や期待を、本当に自分のものにして、理解してくれた証しに思えるからだ。

THE LAKERS ARE A FAMILY.
レイカーズは家族だ。

私はレイカーズの素晴らしいプレイヤーたち、つまり自分より前に神話や伝説のようなレイカーズの物語を作り上げた、数多くのレジェンドたちを尊敬している。例えばエルジン・ベイラー、ジェームズ・ウォージーやバイロン・スコットといった方々だ。私たちの間には、特別な兄弟愛がある。レイカーズには脈々と受け継がれてきた宝石のように大切なものがあり、それは世代から世代へと受け継がれてきた。

しかし、かつて大暴れした偉人たちも、もし現役世代が自分たちと同じような情熱を持っていることを示さなければ、チームから離れていってしまうだろう。あるいは、もし彼らと同じだけの努力や、上達への意欲をはっきりと見せなければ、わざわざやってきて時間を割いたり、思い出を話してくれたりはしないだろう。

レイカーズに加わったとき、私はまだ17歳だったが、その日から家族の一員として認めてもらえたような気がした。自分がこんなに早く受け入れられたのは、私がどれほど努力したか、どれほど強く自分の宿命を果たし、ロサンジェルスをチャンピオンシップの道へと引き戻したいと望んでいたかを、皆が理解してくれたからだと思った。

THE MAMBA MENTALITY

マンバ・メンタリティー

　最初、"Mamba Mentality（マンバ・メンタリティー※）"というフレーズはツイッターではじめた、ただのキャッチーなハッシュタグ程度のものだと考えていた。洒落ていて覚えやすいのも良い。しかし、その後このフレーズはそこから飛び立ち、ずっと多くのものを象徴するようになった。

　その心境は、結果を求めるものではなく、むしろその結果にたどり着くためのプロセスに関わるものだ。そこに至る過程やアプローチに関するものであり、生き方であるとも言える。私はその心境が、あらゆる精進の道において重要だと心から思っている。

　一流大学やNBAのプレイヤー、フォーチュン誌が選ぶ500人のCEOが"Mamba Mentality"のタグについて言及するのを見聞きするたび、心からありがたいと感じる。人々がその中にインスピレーションを見出すのを見ると、自分が一生懸命してきたことや、流した汗、朝3時に起きたこと、それらすべてが報われたように思える。だからこそ、私はこの本を作った。この本は全編に教訓が収められているのだが、そこにはバスケットボールだけではなく、この"Mamba Mentality"に関するものも含まれている。

※アフリカ大陸に生息し、素早い動きで一噛必殺の殺傷力をもつ「ブラック・マンバ」という毒ヘビがいる。コービーはある時期から自分を「強い意志と猛烈な集中力」をもつブラック・マンバになぞらえ、このフレーズを使いはじめた。それがSNSによって一気に広がり、「マンバ・メンタリティー」として浸透しはじめた。相手に致命的なダメージを与える攻撃力、とどめを刺すまで何度でも襲いかかる執拗さ。そのような個性を自ら

CRAFT
[技]

PORTLAND TRAILBLAZERS, February 22, 2013

BRYANT VS JORDAN
VS. マイケル・ジョーダン

A TEACHING MOMENT
教えの瞬間

　私のボディーバランスは、まだ駆け出しだったころ、まったくなっていなかった。

　ふたりの違いに注目してほしい。まずは姿勢からだ。マイケルは腰から上をまっすぐに伸ばして立っている。どの向きにも傾かず、それによりバランスを保ち、重心を真ん中に置くことができている。自分の身体をコントロールし、駆け引きの主導権を握っている。

　それらすべてを、ディフェンス側の私と比べてみよう。さて、私が前腕で彼の背中に体重をかけているのは、教科書どおりの方法だ。ただし残念なことに、きちんとできているのはそれだけだ。私は前傾しているが、これは大きな過ちであり、体重を前にかけすぎてしまっている。そのことだけでも、重力によってバランスを崩す要因になっている。結果的に、マイケルの動きひとつ、鋭い右へのスピンや左へのフェイントで私はうろたえ、ショットを許すか振り切られてしまいそうだ。no bueno——このディフェンスはまったくいただけない。

　ありがたいことに、私がこの写真を目にしたのは、1998年のことだった。これを学んだあと、私は自分の姿勢やバランスを作り直した。あれ以来、私にポストで相対するのはずっと難しくなったはずだ。

PRESSURE
プレッシャー

外からのプレッシャーを感じたことはなかった。自分が成し遂げたいものはわかっていたし、その目標を達成するためにどれほどのものが必要かも理解していたからだ。私は努力を積み重ね、成果を信じた。さらに自分自身に対して、周囲が私に期待する以上のものを求めた。

SOMETIMES YOU HAVE TO PUT THE TEAM ON YOUR BACK.

　シャックが欠場し、私たちは難局をくぐっていた。2連敗後に直面したこの試合では、落ち込んだ状況から抜け出したかった。それには自分が得点面でも気持ちのうえでも、負担を背負わなくてはならないこともわかっていた。

　このダンクは第3クォーターの出来事で、私の決意を表現するプレイだった。私が奪った52得点にはひとつひとつに意味があった——この試合は2度延長戦に突入した——のだが、この一撃が雰囲気を決定づけた。まさに抵抗ののろしであり、チームメイトに向けて勝つのはこちらだということ、自分たちが舳先（へさき）を正しい方向へ向かわせることができるとわからせたプレイだった。そして私たちは勝った。さらに、次の10試合中9試合にも勝った。

　何もことさら、お安いご用と言いたいわけではない。これは私はこの試合を含め6晩続けて40得点を奪っていたのであり、体はそれを実感していた。試合後、私のヒザはメロンのように腫れ上がった。動くのもつらい状態で、次の晩にはユタで試合があった。それでもやはり、私はユニフォームに着替え、ブレイスをつけ、そして40分間試合に出た。40得点を記録し、何より私たちは勝利を手にした。バスケットボールに、そしてチームのために、すべてを捧げなくてはならない。勝つには、偉大なプレイヤーになるには、それが必要だ。

A BIG SHOT IS JUST ANOTHER SHOT.

大事なショットは他とまったく変わらない。

クラッチショットがよく取り沙汰される。私にとっては他と変わらない1本なのにも関わらず。1日1000本入れるとしたら、そのうちの1本にすぎない。それだけ入れていたら、あと1本がどうしたっていうんだ？ はじめからそういう心理だった。

ここで取り上げる1本は、NBAファイナルの同点スリーだ。流れで私がボールを受け取ることになった。ディフェンスは私にボールが渡らないようにできたかもしれないが、そうはいかなかった。絶対になんとかしてやるという気持ちで、あのときはボールを受けに行った。

ボールを手にしたときに、誰がついているかはわかっていなければならない。それもただわかっただけではなく、相手のことを熟知していなければならない。私はリップ（リチャード）・ハミルトンのディフェンスのやり方をわかっていた。リップは基本にとても忠実で、真っ向勝負してくるプレイヤーだ。変わったことをするのではなく、きっちりこなしてくる。ただし、基本に忠実なだけでは、私を止めるのには不十分だ。

私はサイズの差を使い、必要な情報を思い出しながら、彼の動きを操った。私はウイングのほうにドリブルし、彼を後方に揺さぶって跳び上がった。彼は手を掲げる以上のことはしてこない。そこまでできたら、あとはショットが入るか外れるかだけだ。

チームとして、私たちは誰もが良いところにポジションを取っていた。相手はリップの助けをしたかっただろうが（私たちのスペーシングが良かったために）、そうできなかったのだ。私たちがコート上に散らばっていたので、ヘルプにくるべきディフェンダーも離れすぎていた。誰かがヘルプにきたとしても、勝負はすでについており、ボールは手を離れている。

この写真をよくみると、私がどの程度高く空中に跳び上がったかわかるだろう。これは一夜漬けではなし得ない。試合の終盤、それも（シーズンの締めくくりとなる）ファイナルで、良い状態でプレイできていたことが重要だ。些細なことだが、結果は大きく変わってくる。

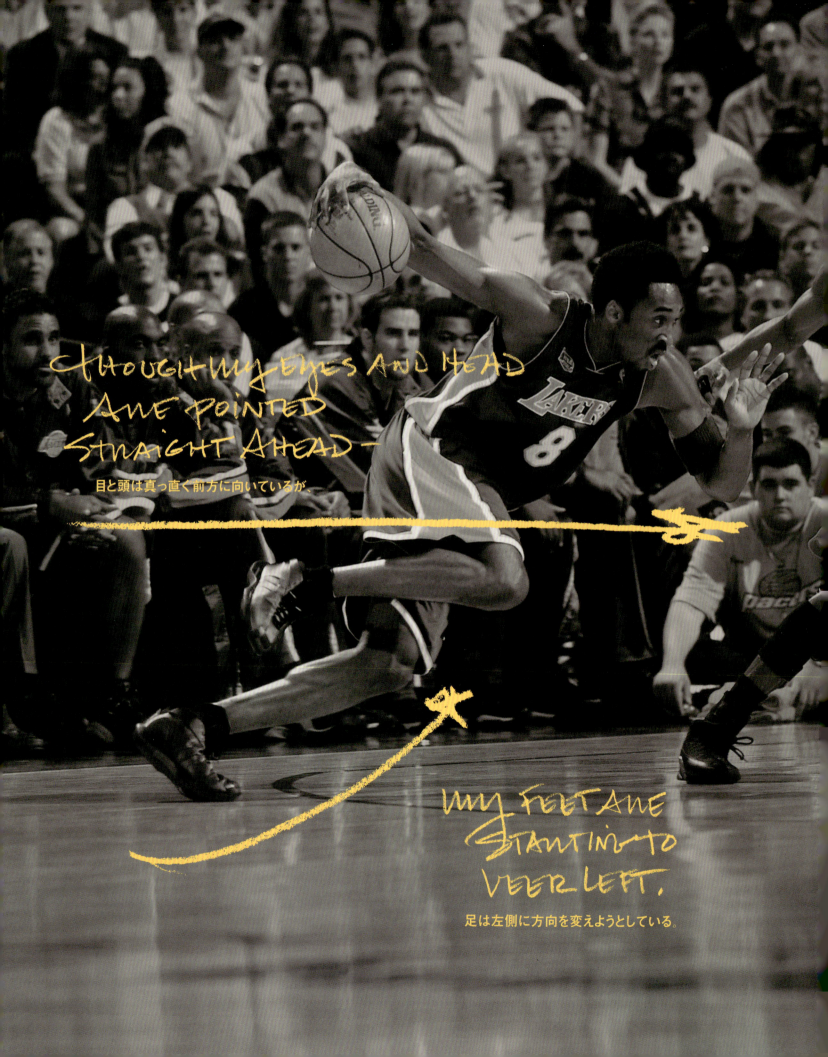

FOOTWORK IS ABOUT EFFICIENCY.
フットワークは効率が大事。

　攻撃を仕掛ける位置までは、ひとつかふたつのドリブルでいく必要がある。離れた位置から射てるシューティング・レンジも必要だ。それにより私は、ディフェンスに反応する時間を与えず、こちらの余力を残しながら、ゴールから離れた地点の長い距離の私をガードしなければならないよう仕向けた。鍵は足と目の使い方、体のポジショニングでディフェンスを動かす方法を知ることにあり、それにはドリブルしないで相手を左右に動かす術が必要だった。

　NBAに入ったばかりのころ、自分のやり方が他の多くのプレイヤーとは違って基本重視で真剣にフットワークに取り組んできたとわかり、驚いた。多くはドリブルからのプレイばかりに時間を費やしていたが、私はパスを受けて動く練習にも力を入れた。それはもっと若かったころ、ヨーロッパで学んだものだ。練習にはドリブルなしで行う試合形式の内容が組み込まれていた。フットワークの土台はあのころ培われた。ピヴォット——リバース、インサイド・リバース、アウトサイド・リバース——を身につけてから、目を引くレッグスルーやバックビハインド、クロスオーバーなどのドリブルをやるようになったのだ。

　あとあと、皆が私のところに、フットワークに関するノウハウを教えてほしいと言ってきた。レブロン、デュラント、ウエストブルック——誰もがその詳細を知りたがった。彼らが熱を入れて聞いてきた時期は、私にとってもちょうどよかった。私のキャリアは終盤にさしかかり、チャンピオンシップ争いからも遠ざかっていたので、心置きなく知識を分かとうと思えたからだ。

GOD GAVE US TWO HANDS.
神は我々にふたつの手をくださった。

　まだ子どもだった6歳のとき、何かを弱みと感じるのがいやだった。それでその年齢から左手でいろいろなことをやるように頑張った。例えば、歯磨きを左手でしたり、名前を左手で書いてみたり。うまくできないと感じるのが、とにかくいやだったのだ。

　コートの上でも同じことだった。両手を同じように使えることは、非常に重要だと感じた。ドリブル、シューティング、ピヴォット、あるいはスピンムーヴ、どれもどちらの手でも楽々できるようにしたかった。

NEW YORK KNICKS. December 9, 2003

I NEVER SHIED AWAY FROM CONTACT.
接触を避けようとはしなかった。

　レジー・ミラーよりも私のほうが強いと思っていた。内面的な感覚なのかどうか、私は彼よりも意地悪なタチだった。

　ゴールに向かい、全力で攻め込んでいく。そんなときは、腕よりも体を使う。それによって相手と自分の間に空間を生み出すのだ。しばしば、また多くのプレイヤーたちが、ディフェンス側に攻撃に転じることを許し、オフェンス側がそれに屈する場面を目にする。そのような感覚ではダメだ。ゴールに向かうときは、こちらが攻め込んでいるのであって、痛い思いをするのはこちらではなく相手側だ。レジーでもシャックでも、ゴールに向かうときは強く攻め込み、相手側が接触をためらうように仕向けるのだ。

THIS WAS FUN.
楽しまないと。

デニス（・ロドマン）を見てほしい。私を思い切り抑え込んでいるくせに、反則をとられず逃げおおせている。彼はごまかす術をなんでも知っていて、テレビではわからないようなことをしてくる。（レフェリーに）見えないところで抑え込み、押し出し、つかむのだ。もしテレビで気づかれたとしても、プレイには影響がない。彼ほど賢いプレイヤーはそういない。バスケットボールというスポーツにおける駆け引きを熟知した、名手だった。

マイケルも同じことをした。私をスクリーナーに向かって突き飛ばし、ユニフォームを引っ張った。彼らとあのブルズから多くを学んだ。王座獲得に必要なものは何か、その答えが彼らにあった。

接触と身体的な強さの重要性を理解しただけでは足りない。それが好きでなければ。私はそうだった。ユニフォームを引っ張られ、引っ張り返すのを楽しまないと。1度叩かれたら2度お返ししてやらないと。最後にひと押ししてやれ、もう1度つきとばしてやろう、肘鉄をくらわしてやろう。そんな心理を理解し、持っていなければいけない。

そういった状況下で、気をつけなければならないのはスクリーナーだ、ということも理解する必要がある。スクリーンやピック＆ロールを多用するチームと対戦するときは、ボールを持つプレイヤーやスクリーンを使って走り回るプレイヤーに気をとられてはいけない。スクリーンを仕掛ける相手をよくみることだ。そのプレイヤー、スクリーナーこそが本当の脅威だからだ。

何が起きるかを理解するには、映像を見て、個々のプレイヤーがどうやってスクリーンを仕掛けるかの、傾向を知るのがいい。なぜなら、誰もが違う仕掛け方をしてくるからだ。得意な場所、タイミング、角度、そういったものがわかったら、攻撃的なディフェンスをあてがい、スクリーンを無力化できる。

この写真で、私は他にできることはなかったか？　スクリーンに寄りかからないこと。デニスを押し返さないこと。そのために私は、彼に腕を持っていかれ、身動きできなくされてしまった。かわりにスクリーンに寄りかからず、デニスとの間に距離を置き、マイケルが動き出す前に捕まえるのがいいだろう。

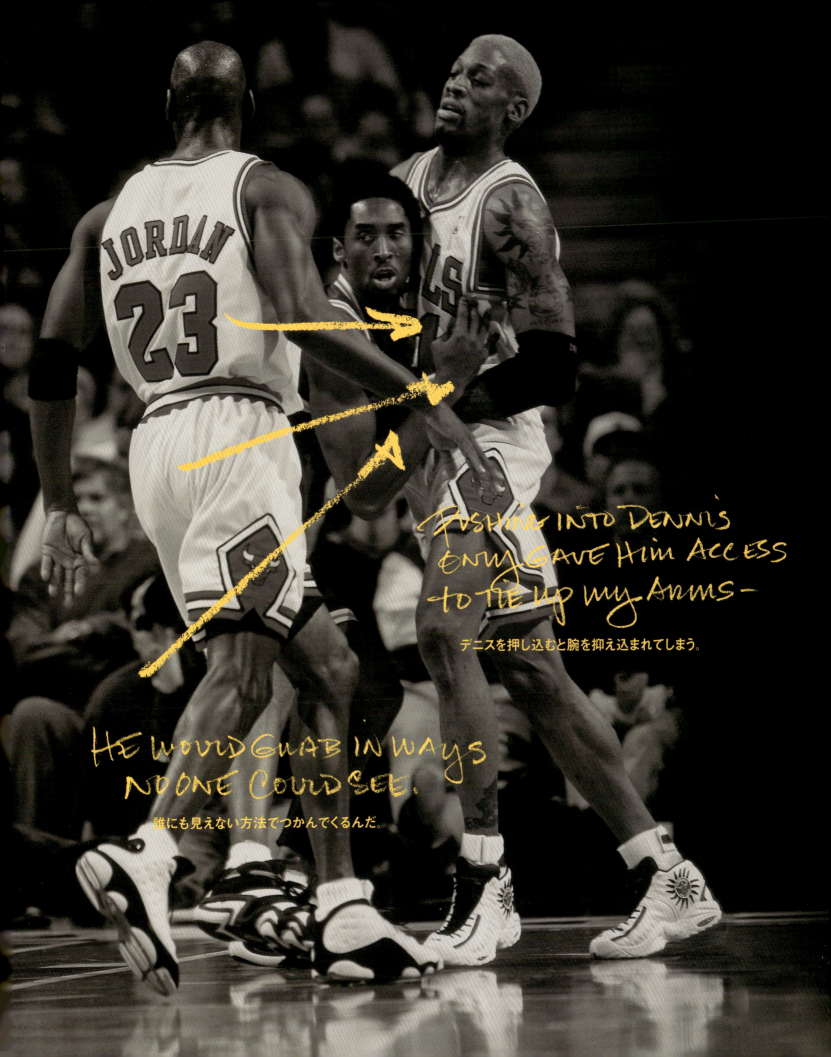

SHAQ WAS DOMINANT.
THERE'S NO QUESTION ABOUT THAT.
シャックは支配的だった。疑問の余地はない。

　たとえ支配的なセンターと一緒にプレイするとしても、やはり簡単な得点機をお膳立てするのが、彼らを乗せていくには一番良い。私は自分が得点にいくぞと見せかけては、そうやった。ディフェンダーは私に気をとられ、シャック（シャキール・オニール）への注意を怠るのだ。あとは彼が簡単に決めてくれた。

　どんな流れでそれがなされるか？

　私は攻める。突っ込む。がむしゃらにゴールに向かう。基本からは離れてしまうが――空中に跳び上がり、ディフェンダーに自分で決めにいくと信じこませる。相手が引っ掛かったら、ボールをシャックの手元に、さあどうぞと送り出す。

　ほとんど当たり前と思えるこの流れだが、目立たないが秘訣はある。ディフェンダーがブロックしようと両手を上げるように仕向けるのだ。そうして相手が完全に、これは止めにいかなければと思うほど出し抜くことができたときには、本当に気持ち良くパスを通せるオープンな状況ができあがるのだ。

　パス自体も大事だ。この流れを作り出そうと頑張ってお膳立てする過程で、ゴールに向かう途中に叩かれたりぶつかり合っても、最後を雑にしてはいけない。チームメイトのビッグマンの志向に合わせるのだ。制限区域のどのあたりの場所が得意か、どんな受け方が好きか、どちらの手でフィニッシュするのが好きか。

　ここに紹介した写真では、私はシャックの左手にパスがいくようにしていた。そうすれば、彼は追いかけてくれディフェンダーに対して体をタテにしながら、ファウルを受けずにフィニッシュすることができるからだ。

SETTING A TIGHTROPE
綱渡り

　シャックと私はふたりの間に何があっても、いつでも30得点以上と、リバウンドとアシストも10本以上を期待できる存在だった。これはチームメイトにある種の安心感をもたらしていたが、ときにはそれが安心しすぎにつながることもあった。

　それを回避するために、自分たちの間に断続的な緊張があるのを承知のうえで、シャックと私は、それを意図的に高めたりもした。チームメイトたちの集中力とやる気を高めるためだった。

　あれ（ふたりの確執）が利己的なものではなかったと、わかってもらうことには意義がある。シャックとコービー、ではなかった。あれはチームメイトを深く関わらせて、目標達成に向けた真剣さをしっかり理解してもうためのものだった。皆は綱渡りをしているんだ、シャックとコービーという転落防止網があるからと安心してもらっては困るのだと。

　シャックは特別なプレイヤーだった。体の使い方も内面の使い方も心得ていた。ものの見方も人間の特徴も理解していた。何が脅威となり、支配につながるかをわかっていた。

　なかでも体の強さ、あの人間離れした力強さは、特筆に値する。ガードとしてプレイした私も、48分間自分の相手をするプレイヤーを、痛めつけ、疲れさせたいわけだ。それが次の対戦での心理的優位につながる。シャックが去ったあと、そういった気持ちがあったので、以前に比べてポストでのプレイを増やして、ガードを徹底的にやっつけるようにした。

YOU HAD TO MOVE HIM.
山を動かせ。

　シャックが率いたチームと対戦するとき、オフェンス面では、彼を動かすことが戦術の鍵だった。彼をスクリーン＆ロールの動きに引き込み、特にボールを持たない相手につかせるようにして、カバーに動き回らなければならない状態にするのだ。それにより、彼を疲れさせ、弱みにつけこむことができると考えたのだ。

　シャックが控えるゴール下に1対1で攻め込むときは、頭から湯気をたてるがごとく勢いよく彼をめがけて突っ込んでいった。対して彼は、ダンクさせまいと毎回ファウルにきた。だから毎回彼めがけていけば2本フリースローだなと思ってプレイしていた。

WHEN FUNDAMENTALS ARE NO LONGER FUNDAMENTAL
基本に背を向け、バトラーは失われた

　カロン・バトラーがレイカーズにやってきたとき、私たちはすぐに息が合った。彼はよくうちに来て一緒に過ごし、ワークアウトも一緒にした。チーム練習の前後には1対1だ。お互いを本当に高めあう関係だった。だから彼は、私のフットワークをかなり取り入れている。トレードされたあとの彼が、プルアップ・ジャンパー（ドリブルからのジャンプショット）やポストでのターンアラウンド・ジャンパー（ゴールを背中にした状態から振り向いて放つジャンプショット）にいくプレイに、それが見てとれる。

　彼がトレードされたのはつらかった。あの夏、私はかなりの時間を彼と過ごし、たびたび一緒に練習した。あのまま私たちのチームで、花を咲かせると思っていた。

　カロンはバスケットボールについてとても研究熱心だし、大学時代から基本を大切にする人物だったと思う。そんな彼が放出されるとは──基本が基本ではなくなってしまったのか。バスケットボールを理解しているプレイヤーは少ないし、フットワークの重要性も、スペーシングも軽んじられている。土台となるものを学べば、大概のプレイヤーに対して有利に戦うことができるのに。

MOVE YOUR PUPPIES.
子犬の動きのように。

　2000年当時、私はボールを持つ相手をディフェンスする際、スクリーンをかわすプレイに課題を感じていた。オールスター・ゲームのとき、私はウォームアップ中にゲイリー・ペイトンをコートサイドに引っ張ってきた。

　「ゲイリー」と私は尋ねた。「スクリーンを抜けていくのがうまくできないんです。どうやればいいんですか？」

　ものすごく負けん気の強い彼だが、私のために時間をとって、彼の考え方を話してくれた。彼が言うには、自分の体を薄くすること。そして忘れられないのが、ペットの子犬たちが遊んでいるときのように動くということだ。そういう状況下では、体をスライドさせるべきで、走り抜けるのではない、そのために体をできるだけ縮めて足を素早く動かすんだと説明してくれた。ドアの隙間も通る1枚の紙のように、と。

　オールスター・ブレイクが終わったあと、私はこれに練習で何度も取り組んだ。あの年にはじめて、私がオール・ディフェンシブ・ファーストチームに選ばれたのは、偶然ではない。

KG WAS A WIZARD ON DEFENSE.
KGはディフェンスの魔術師だった。

　世間のケビン・ガーネット（KG）に対する評価は、まっとうなものとは思えない。彼はどこにいっても所属チームのディフェンスの要だったし、非常に大きな存在感を示してきた。長い腕を持ち躍動感にあふれていたので、まとめ役として、またショットブロッカーとして、コートの広い範囲で威力を見せつけることができた。

　あれだけ大きいにも関わらず驚くほど器用で、それまでの常識を破ったプレイヤーだ。ドリブルもパスも、ショットもうまかった。正直に言う。ミネソタが彼の全盛期に、彼の回りを有能なメンバーで固めなかったことを幸運に思う。もしそうなっていたら、私たちにもサンアントニオにも、彼らを倒すのは本当に難しかったはずだ。

I WOULD TRY TO DRIVE THROUGH HIM.
かいくぐって決めるしかない。

　KGはチームのリーダーであり、私もそうだったので、対戦するときには「そっちのボスが誰かはわかっている。こちらは一歩も引かないぞ」という自分の姿勢を明確にした。何度かは私が勝ち、何度かは彼が勝った。どちらにしても、お互い一歩も引かずに挑戦した。高校時代からそうしてきた。

　私のショットをブロックしにくる彼は、長い腕と長身を生かして襲いかかってくる。体格的な強さでは戦えない代わりに、縦に長い体と腕でゴールを塞いで守った。私との間に空間を作り、接触から身を守りながら最適な角度からボールを叩きにくるのだ。
　かつてのビル・ラッセルを彷彿とさせるプレイぶりだった。

MINNESOTA TIMBERWOLVES, 1998, Away

KG NEVER JAWED WITH ME.

KGは決して私にからまなかった。

　何よりKGは、競うのが好きで、勝利に貪欲だった。口先でちょっとビビらせればプレイできなくなるプレイヤーがいるのを知っていた。また、同じ行為から火がついて、活躍できるプレイヤーがいるのも承知していた。私が後者だと知っていた彼は、私にトラッシュトークを仕掛けることはなかった。

　2008年のNBAファイナルでは、KGとケンドリック・パーキンスがパウ（・ガソール）に対してトラッシュトークを仕掛けたのが奏功した。彼らは2010年にも同じことをしようとしたが、私は黙っていなかった。こちらも言い返し、パウも頑張って言い返した。メッタ・ワールドピース（ロン・アーテスト）もそこに加わった。あれは流れを変える出来事だった。

LAMAR ODOM WAS OUR GLUE.

ラマー・オドムの下 チームはまとまった。

　LO（ラマー・オドム）の役割は軽んじられがちだが、そうしないことが重要だ。あんなに素晴らしいチームメイトはいない。好きにならずにいられないヤツ、利己的なところがなく、集団に必要なものを察知する能力を持っていた。私たちをチームとしてまとめたのはLOだ。あるときは景気付けに宴会を催し、必要なら誰とでもサシで食事に行き、進んでみんなとじゃれあった。

　彼は広い心の持ち主だったが、プレイヤーとしての才能も素晴らしかった。超一流のパッサーであり、ボールハンドリングもよく、安定感のあるジャンプショットを身につけた。コート上の彼は頼れる存在だった。ダブルチームされたら本能的にまず彼を探し、建て直してもらおうとしたものだ。

　2009年と2010年の連覇には、すべてのプレイヤーが何らかの役割を演じていた。パウは優等生であり、デレク（・フィッシャー）は兄貴分。そしてラマーは、みんなの世話をしてくれるイカした紳士で、困ると助けにきてくれる、といった感じだった。

UTAH JAZZ, April 2, 2010

A CRITICAL PERIOD FOR MY DEVELOPMENT
成長の土台となった不可欠な時期

　NBAでの1シーズン目、私たちはセミファイナルまで勝ち上がり、ユタと対戦していた。最後の第5戦、私はエアボールを4度やらかし、王座獲得の機会を逸した。あの4発は、自分が最も取り組まなければならないものが何かを教えてくれた。それは強さだ。あのエアボール連発から得たものはそれだけだ。

　あの試合では、神経的なず太さは問題ではなかった。単純に、あの距離にボールを飛ばせるほど身体が強くなかったのだ。足はスパゲッティーのように絡まり、長いシーズンを戦うだけの力がなかったのが明らかだった。さて、どうしよう？ さっそく厳しいウエイトトレーニングをはじめた。次のシーズンがはじまるまでに、足も腕も強くなり、準備は整っていた。

　あの試合の直後、地元やファンの反応は気にしなかった。強くなれるよう頑張ることは決めていたし、実際にそうした。実際のところ、空港に降り立ったその足で、私はパシフィック・パレセイーズ高校の体育館に直行し、夜を徹してシューティングに励んだ。次の日もそうした。その後も練習、練習、練習の嵐だった。決して「ああ、やっしまった。もう2度とあんな機会はないだろう」などとは思わなかった。自分の運命はすでに結末まで描かれている。もうわかっていた——自分の将来は誰にも否定できないし、誰にも、あるいはどんなことにも、それを変えることなどできないのだ。

IN 2003 IT WAS A WRAP FOR EVERYBODY.

2003年は誰にとっても区切りの年だった。

何者も——感情的にも、内面的にも、身体的にも、戦略的にも——あのシーズンの私を止められる者はいなかった。

その域に達したあと、健康状態のほかには、私の成長を止められるものは何もなかった。あの時点では、レイカーズがチャンピオンシップ獲得に向けしっかりしたチーム作りをしてくれるかどうかにすべてがかかっていた。

頂点に達したあと、その状態を維持するのは難しいという人もいると思う。私はしかし、そうではない。まだ十分とは思えなかった。もっとうまくなりたいと思ったし、もっとやりたかった。うまく説明ができないが、とにかくバスケットボールが大好きで、ほかは覚えていない。それだけで最後の日を迎えるまでやってきた。

ALLEN IVERSON WAS SMALL, BUT HE WAS ALSO INCREDIBLE.
アレン・アイバーソンは小柄だが驚異的でもあった。

　考え方としては、高さの利を使って、彼の頭上からショットを放つのが最上の戦い方だ。ほかに特別な何かが必要なわけではない。逃げる必要も、引き下がることもない。とにかく上から狙えば、ゴールがしっかり見えるのだから。

　ただ、単にジャンプショットを射てばいいというのとは、話が違う。アレンがついてきたら、ミドルポストなど攻撃しやすい有利な位置でボールを受けられる。彼には、私にパスが渡るのを防ぐことはできなかったからだ。

　ならばもっとゴールの近くやローポストではダメなのか？　あるいは25フィート（約7.62ｍ）あたりからドリブルで攻め込んだらどうなのか？　それもありかもしれないが、賢い選択とは言えない。

　私はローポストでボールを受けないようにしていた。なぜなら、シクサーズのワナにはまってしまうからだ。（アレンと）正対してドリブルもできたかもしれないが、その状態でもヘルプディフェンスはやってくる。エルボーやウイング方向の中間位置でボールを受けることで、そういった戦術を弱体化させることができた。私に入るパスを防ぐすべがなく、私はそこからドリブルせずに、彼の頭越しにショットを狙えたからだ。

BRYANT VS IVERSON

VS アレン・アイバーソン

PHILADELPHIA 76ERS, 2001

COVERING ALLEN WAS ALL ABOUT TIMING.
アレンを抑える鍵はタイミングにあった。

　アレンとマッチアップするときは、彼がいつ攻め気を出しはじめるかを注視していた。

　ちょっと振り返ってみよう。ラリー・ブラウンのシステムには、アレンの攻撃について潮の満ち引きがあった。最初の数分間は、チームとして流れになじむよう、皆でパスを回し、ボールを分け合う。そして、残り10分を切るあたりから、アレンが攻めはじめるのだ。データを研究した結果、その攻撃の傾向がわかったのだった。

　それがわかったので、その時間帯のアレンには、持てる力のすべてをぶっつけて抑えに行った。接触を増やして追い回したり、ボールを持たせまいとパスコースに立ちふさがったり、ゴールから30フィート（約9.15m）も離れた距離でボールを持たせたり。それで少しでもイラつかせることができれば、彼のリズムを崩すことができるかもしれない。

　逆にアレンがやや受け身と思われる時間帯は、簡単にボールを持たせた。数分間無得点だったり、厳しい時間を過ごしたあと、彼はかなりアツくなっていて、チームディフェンスで仕掛けたワナにはまってくれやすくなっていた。そうなるといっそうイラつきが強まっていく。

　もうひとつの対アレンの法則も、タイミングに関係するものだ。私が注視したのは、彼がボールを持ってから攻撃に転じるまでの時間だった。もしボールを受けてから、「ディフェンスの動きの確認→1秒→2秒→攻撃開始」という流れがあれば、彼のタイミングを読むことができる。もしまた彼の手にボールが渡っても、2秒で動き出しとわかっていれば、私は先読みして一歩引くことで、彼の攻撃に備えることができた。

　偉大なプレイヤーをディフェンスをするときは、相手も自分のディフェンスを受け持つことが多かった。私たちがボールを持っているときには、オフェンス・リバウンドに参加することになるが、アレンと対峙しているときは、誰かがショットを射った途端に、私は「どこだ、どこだ!?」とアレンを探さなければならなかった。私よりも小柄な彼は、私とリバウンドを競おうとはしなかったからだ。私は急いで彼を追いかけ、べったり張り付いてトランジション・オフェンスに参加するのを邪魔するよう心掛けた。勢いにさえ乗せなければ、また特に楽々決められるような得点機を与えなければ、彼に対するディフェンスの重責も少しは軽くできた。

KOBE STOPPER?
コービー・ストッパー？

ルーベン・パターソンと私は、少しの間一緒にプレイしたことがあったので、彼に何ができ、何ができないかをわかっていた。たしかに良いディフェンスができるプレイヤーだった。しかし、彼が自身をコービー・ストッパーだと言い出したときは、笑うしかなかった。

あれは彼が、フリーエージェントとしての契約金をつり上げるために思いついたアイディアだろうと思う。

最近になって、彼に言ってやった。「はじめに電話でもしてくれたらよかったのに。先走りしてあんなことを言っちゃってさ。『コーブ（同業者からのコービーに対する軽い呼びかけ方）、ちょっと頼みがあるんだ。これまで対戦したなかで最高のディフェンダーは私だと言ってくれないか。ちょっと金が必要なもので』とでも言ってくれればなあ」。

ルーベンのために一肌脱いでやってもよかった。喜んで助けたと思う。でもひとりで先走りしてしまったから、仕方がない。彼に恥をかかせても、徹底的にやり込めるしかないじゃないか。

いわゆるコービー・ストッパーを相手にしてプレイするのは、どのチームが雇ったどのスペシャリストでも、大好きだった。私たちが王座を狙えるチームであれば、他チームのGMは私たちをその栄誉から引きずりおろそうとしてチーム作りに励んでいた。そのチーム作りの一環に、コービー・ストッパーを雇うというのがあった。そのプレイヤーは私を抑えることを使命としてサラリーを得るのだ。相手がそうなら、私にとっては彼らに見る目のなさを認識させることが、まずはひとつの仕事ということになる。

MY LEFT ARM REMINDS DIKEMBE
I AM THE THREAT.

私の左手からディケンベは私を脅威だと感じる。

WHILE HE USES HIS
LEFT ARM TO SUBTLY
PULL ME DOWN.

一方、彼は自分の左腕で、
巧妙に私の体を引きずり下ろそうとしている。

DUNKING IS ABOUT DOMINATION.
ダンクは支配の象徴だ。

　ダンクするという行為は、相手にこちらの心理を伝える行為だ。それを見れば、相手はそのプレイヤーが彼らをへこませてやろうと思っていることがわかる。また、チームメイトにとっては、気持ちをひとつにするきっかけにもなる。試合の山場を乗り越えていこうという気概を見せ、チームメイトたちを一緒に乗り切ろうという気持ちにさせるのだ。

　しかし、ただゴールに向かって行き、ダンクできますようにと願うだけではいけない。自分の限界を理解する必要がある。それ以上に、ディフェンスについて知らなければならない。映像から相手のブロックショットにどんな傾向があるのかを調べるのだ。適切な情報――どちらの手で叩きに来るか、どんな時には引き下がるか――が手に入れば、どうやって攻略し、対抗すればいいかがわかる。

　ディケンベ・ムトンボは言うまでもなく、歴代最高のディフェンダーのひとりだ。長身で引き締まった体で、どうすれば反則をとられないかも知っていた。左手の使い方が非常にうまく、巧妙に相手を引っ張り下ろしたり、バランスを崩させたりするのだ。それは熟練の技で、基本に忠実に見えるのだが、実際彼は左手を武器として使っていた。

　そういう時に私がどうしていたかというと、とても単純だった。私はディケンベに、危険な存在はこちらであって、あなたではないのだということを知らせるようにした。だから私も左腕と肘を使った。そうすることで彼との間に隙間を作っただけでなく、これ以上高く来たら私の腕に当たって、イヤな思いをしますよというメッセージを送ったのだ。

　何度も言っているとおり、罰を食らわせるのはこちらだ。ダンクのおまけをつけて。

LOOK AT HAKEEM'S LEFT HAND.
アキームの左腕。

彼は私を引きずり下ろそうとしている。ディケンベと同じように、その左手を使っている。それが効いて、彼はボールに届きそうだ。引っ張って突き飛ばして——ブロックショットとはそういうものだ。

こちらはこんな気持ちだった。アキーム・オラジュワンに対抗できるなんて、すごいことじゃないか。でもやることはきっちりやらないと。同時に、私はあなたがよく目にする典型的な若手とは違って、レフェリーに文句を言ったり、先輩の言動に泣き寝入りするタチではない、というメッセージも発信したかった。あなたの腕と体をかいくぐり、貨物列車のように突き進みますからね、と。

総合的に見て、アキームはすばらしく知的なディフェンダーだ。相手がどこに攻撃を仕掛けたいか、どこにボールを保持しているか、どんなパターンで攻めてくるかを知っていた。その知性と分析能力により、アキームは相手がどこに向かい、どんなフィニッシュをしようとしているかを予測した。だからスティールとブロックの山を築くことができたのだ。

オフェンス側のプレイヤーとしては、そういった内面的な優位性を打ち消すことで戦う。こちらも彼を研究し、彼がこちらを知っている以上に彼を知る必要がある。彼はどこからとびかかりたいのか、どうやってブロックするのが得意か、どれくらいの時間で体勢を立て直してくるのかを研究する。そうした知識を蓄えることで、攻略方法が見えてくるのだ。

VINCE CARTER BROUGHT OUT THE BEST IN ME.
最高の私を引き出した男 ヴィンス・カーター。

　彼は私より数年遅れてリーグ入りし、世界を熱狂させたプレイヤーだ。とたんに、実力比較が話題をさらうようになった。ヴィンスか、AIか、だ。私はシャックと一緒だったので、その時点では議論に含まれてはおらず、補足的に出てくる程度の位置づけだった。そんな話題騒然の状況だったため、彼と対戦するときはいつもよりアツくなった。

　私は内心、攻守両面で彼にマッチアップし、彼には私を守るのに助けが必要な状態にさせてやるつもりだった。オフェンスで得点を重ね、1対1のディフェンスで完璧に抑え込む。それで世間が騒いでいる議論に私の名前が欠けているということを、明確にわからせてやりたかった。

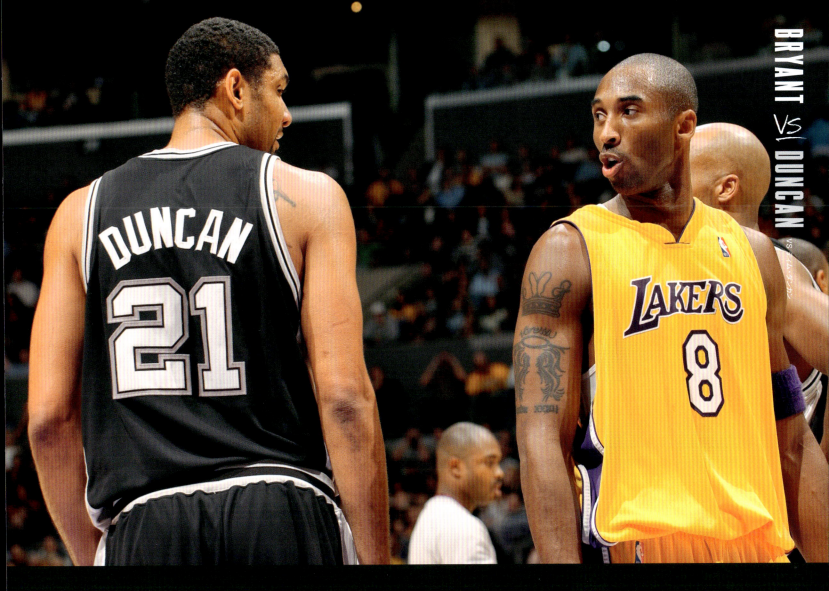

A PROBLEM YOU'RE GOING TO HAVE TO DEAL WITH

将来我々の前に立ちはだかるだろう脅威

　1999年のプレイオフ、私たちは1回戦を勝ち抜けようとしているところだった。
　私はシャックに、準備ができているかと尋ねた。

「何に対してさ？」と彼は聞き返した。
「次のラウンドで当たるプレイヤーのことさ」と私は答えた。
「（デビッド・）ロビンソンかい？」
「いや、もうひとりいるじゃないか」
「あいつはヤワだよ」とシャック。
「オレはずっと注目しているんだ」と返した。「今後、怖い存在になると思うんだよ」

　シャックは私の心配を軽く流した。そして次のラウンド、私たちはスパーズに4タテを食らって敗退した。終わってみれば、ティム・ダンカンが毎試合30得点近いアベレージを記録していたのだ。彼には当時から注目していたが、あのシリーズ以降の活躍ぶりはどうだろう？　スゴいの一言だ。サンアントニオは将来どうにかしなければならない脅威になる、あのころからそう思っていた。

TIM DUNCAN WAS A SMART DEFENDER.
ティム・ダンカンは
頭の良いディフェンダーだった。

　彼は骨張った体つきをしており、それを利点としていた。彼はサンアントニオのチームディフェンスを体現する存在だった。スパーズは、こちらがゴールに向かって行くと、今にも接触してくるかと思わせ……あれ、来ないのか？　という作戦を使うのだ。彼らはショットに対し、常に垂直に跳び上がって抑えようとした。いつでも、だ。空中での接触を避けるのは、それがオフェンス側にバランスを立て直すきっかけを提供するからで、（接触覚悟で飛び込んでくるプレイヤーは）それがないとバランスを崩したままフィニッシュに至ることになるのを、知っていたからだ。彼らはその方法を徹底した。

　私がそれに気づいたのは2001年のころだった。彼らは手を高々と掲げて跳び上がる。しかし見抜いてしまえば、抜け道ができているに過ぎない。私は相手を抜き去り、あるいはその間をすり抜けていき、ファウルをもらいに行くようなことをせず、真正面からダンクを叩き込んだ。

ONE OF MY SEMINAL NBA MOMENTS
NBAで味わった衝撃の瞬間

　1997年、ロケッツとの対戦で、前半非常に厳しい目に遭わされたことがあった。私はクライド・ドレクスラーを相手に、たしか1本すら決めることができないでいたと思う。後半に入りギアを上げた私は、最終的には27得点を奪ったが、あれは自分にとって大きな意味を持つ経験だった。

　ずっと以前から、私にとってクライドは崇める存在だった。彼のディフェンスの方法が、非常に参考になったのだ。彼は手の使い方をよくわかっており、一方の手で相手の視界を遮り、もう一方でボールを獲りにきたり、パスコースを遮断した。素晴らしいボディーバランスも彼の武器だった。私のディフェンスは、実はクライド（そしてもちろんMJ）の手法を発展させたものと言える。

I WAS GOING TO DOMINATE.
支配するという決意。

　誰と対峙しようが（この心理は）変わらない。毎試合、この気持ちで臨んだ。違っていたのは、相手ごとの対処方法だ。

　例えばカッティーノ"キャット"モブリーの場合。キャットは、すばしこさと手の使い方のうまさを武器にしていた。ただし一方で、体を寄せられるのを嫌がった。彼と対戦するといつも、形勢が行ったり来たりしたものだ。ローポストでボールを持つ私に対して、彼はボールに手を伸ばしてくる。こちらは体を寄せて対抗する。彼にもたれかかり、肘鉄を食わせ、弱らせて有利な状態に持ち込むのだ。

BRYANT VS MCGRADY

VS トレイシー・マグレイディー

TRACY MCGRADY HAD SOME MAGIC TO HIS GAME.
トレイシー・マグレイディーの魔法を解くために。

　トレイシーは、事実上、私にとってマッチアップするのが最も難しい相手だったかもしれない。彼はオフェンスになると、あらゆることができた。どちらの方向にも動けたし、ショットもドリブルもうまかった。ポストプレイでは、左肩側からも右肩側からも、相手の頭越しにゴールを狙えた。そしてスラッとした長身だった。私はそのような彼の特徴を頭に入れ、彼が攻撃的になる瞬間に狙いを定め、流れを断ち切ろうとしたものだ。

　トレイシーの相手をしなければならない夜には、彼が嫌がるのは何かを探ろうとした。そして、足元に入り込んで密着するのが、効果的だとわかった。そこで彼の足元深くに潜り込み、背後に回り込み——それが特に弱点だとわかったので——臀部側からやりづらくさせるようにした。彼を息苦しい状態にして、得点の芽を少しでも摘むためだ。

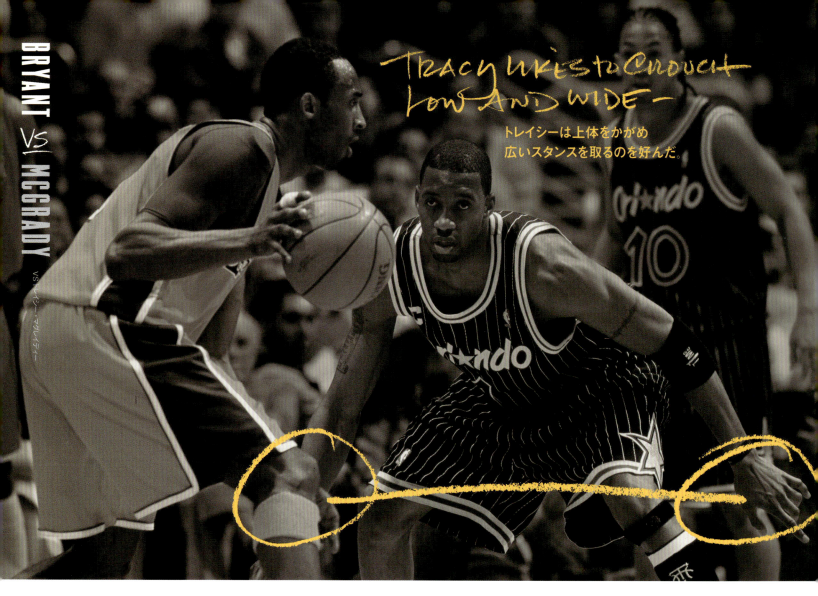

TRACY ALWAYS HAD QUICK HANDS.
トレイシーはいつも手が速かった。

　彼はボールに手を伸ばしてはじくのが、本当にうまかった。その脅威を弱めるためには、ボールを彼から遠い位置で保つよう注意した。それがうまくできるときは自由に動きまわれるので、良い夜になるのが決まったようなものだった。

ボストンが2008年に複数のオールスターを獲得したときから、いつか対決しなければならないだろうと思っていた。それは2008年と2010年に現実となった。

今振り返っても、あの歴史的な対決はかけがえのない体験だった。それまでの物語はわかっていた。ジェリー・ウエストが、そしてショウタイム・レイカーズが切り抜けてきた戦いの物語があるのだ。だから、いっそう大きな意義を感じて、その場に立った。ただしあのとき、内心にはこの思いしかなかった。「行く手に立ちはだかるアイツらを倒して、王座を勝ち取る」。未来の殿堂入り候補が3人いようが、ラシード・ウォーレスやラジョン・ロンドたちがいようが、関係ない。歴史にはそんなことは記されない。記録に残るのは王座獲得の事実だけだ。なんとしてもアイツらを倒し、勝利を手にするのだ。

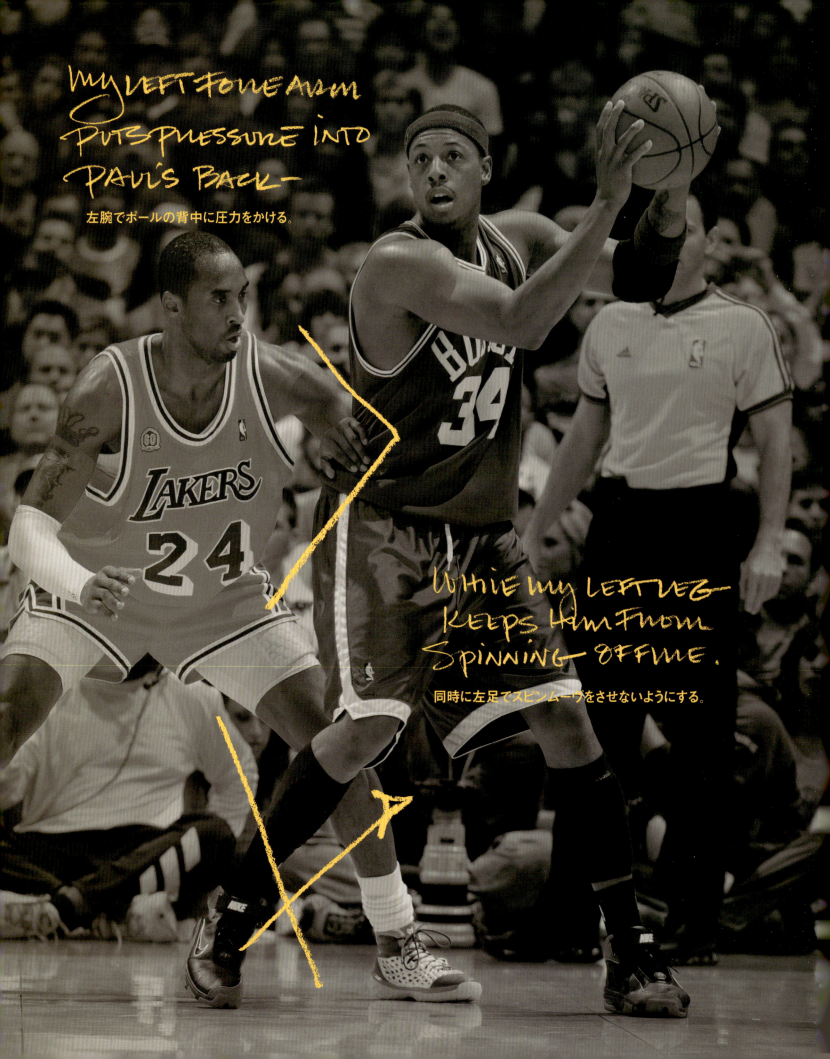

PAUL PIERCE WAS ONE OF THE TOUGHEST PLAYERS I EVER HAD TO GUARD.

ポール・ピアースは最も抑えにくいプレイヤーのひとりだ。

　彼は体の使い方が非常にうまかった。重い体を盾にして、さらにサイズも使って上からゴールを狙ってくる。

　この写真で私は、形勢を逆転して位置的な優位性を生み出そうとしている。私の左腕は彼の背中を押している。左足は彼の後ろにあり、当座はスピンムーヴで逃げることを許していない。同時に、右足は彼が直接ゴールに向かえる正面方向を固めている。そして、もし彼がボール扱いをしくじったら、右手でピシッとボールをはじき飛ばせるだろう。

　この状況での最も望ましい結果は、ボールを奪うかショットをブロックすることだ。あるいは、彼を厳しい状態にしてショットを諦めさせるのも良い。バランスを崩した状態でショットを射たせられたら、それもまた良し。いずれにしても、彼に心地よくプレイさせ、戦わずに得点を許すわけにはいかないのだ。

TONY ALLEN NEVER GOT INTIMIDATED. EVER.
トニー・アレンに脅しは通じない。

闘犬。彼は、良い意味でそう呼びたくなるプレイヤーだ。強烈に攻撃的で身体的に強く、何より決してあきらめない。容赦なく戦う。昔気質でファウルを厭わず、レフェリーに笛を吹かれようがお構いなしだ。

これだ……そうこなくっちゃ。こちらも肘鉄を食らわしてやろう。突き飛ばしてやろう。彼が何かを仕掛けてきたら、目には目を歯には歯を、だ。

KGだけでなく、彼がいたおかげで、2010年のファイナルは激しい戦いになった。彼らは私のプレイにことごとくファウルし、詫びのひとつもなかった。遠慮なく叩き、そうするぞということを明確に伝えてきた。

そういう状況、つまりトニーのような男やセルティックスのようなチームと戦うときは、それを覚悟で戦い抜く気概が必要だ。というよりは、ある意味それを喜べるようでなければならない。こんな気持ちで受けて立つのだ。「さあ、ガンガンぶつかってこい、先にへこたれるのはそっちだぜ」。

BRYANT VS RAY ALLEN

RAY ALLEN WENT THROUGH A FEW DIFFERENT ON-COURT REINVENTIONS.
レイ・アレンはコート上で何度もその姿を変貌させた。

　まだミルウォーキーの若手だったころ、彼はスクリーンを使うだけのプレイヤーだった。後にシアトルに移籍すると、チームは彼に、アイソレーション※の状態からドリブルで攻めさせた。キャリアの終盤を過ごしたボストンとマイアミでは、再びボールを持たずに動き回るシューターに徹した。

　レイは百発百中だ。彼は、スクリーナーの周囲をどう動くべきかを理解していた。ディフェンダーとの間に小さな溝を作り出し、ほんの小さな隙間からゴールを射抜く方法を知っていた。彼と私も、特に彼がミルウォーキーとシアトルにいた当時は、よくやり合った。私たちは同じ年にドラフト指名を受けた——彼と私、AI——ので、お互いに張り合った仲なのだ。

※「孤立（isolation）」を意味し、バスケットボールではしばしば、あるプレイヤーにボールを託して一方のサイドで自由に1対1で攻めさせる戦術を指す。このとき他の4人が反対のサイドにポジションを取り、ボールを持つプレイヤーだけが広いスペースに孤立するためにこう呼ばれる。

YOU WANT TO GET YOUR
HIPS BENEATH THOSE
OF YOUR OPPONENT—

自分の腰を相手よりも
低い位置に落とす。

THAT WAY YOU CAN ALTER
THEIR POSITION BY EXPLOITING
THEIR WEAKER POINTS.

それにより、相手の弱みを突きポジションを有利に変えることができる。

I TOOK BOXING OUT A BIG MAN AS A PERSONAL CHALLENGE.

私はボクシングアウトでデカい相手にやられるのは絶対にイヤだった。

高校時代、自分の相手をボールから遠ざけて、獲られたりはじかれたりをさせないようにする練習をよくやった。相手にボールに触れられたら負け、というものだ。だからボクシングアウトの大切さは、私のなかにしっかり叩き込まれている。

意志の力で支配するのとは別に、リバウンドには、自分を有利な状態にする物理的な方法が存在する。

言うまでもなく重要なのは、相手の前にポジションを取ってしっかりした土台を作ることだ。その際には、相手よりも腰を低い位置に下げ、押し動かしてポジションを変えられる状態にするのも大切だ（大きな相手には特に）。それを肩でやろうとすると、相手の方が強くてうまくいかない。相手の下に入り込み、下半身で体重をかけて押し込むのだ。

バスケットボールにおける競い合いと言えば、得点シーンやそのディフェンスを思い浮かべるプレイヤーが多い。しかし真実は、この小さな領域——ボクシングアウト——こそが、戦いの中の戦いだ。ボールの奪い合いで一番強いのは誰か。絶対に獲りたいと思っているのは誰か。こういう競争に、私は負けるわけにはいかない。

BRYANT VS IGUODALA

VS. アンドレ・イグダーラ

ANDRE IGUODALA USED TO GIVE ME A LOT OF PROBLEMS.
アンドレ・イグダーラには かつて相当苦しめられた。

彼の非常にゴツゴツした体つき、さらにはあのタチの悪い左手が、私を苦しめた。あの左手は本当にタチが悪かった。ショットを狙って飛び上がるところで、あの左手でサッとすくいとられてしまうのだ。彼はこのプレイをよく狙い、うまくやってのける。

なんとかしなければならない。その答えは、心理戦だった。時折私は、まず最初に彼にボールをとらせてやった。そして2度目はボールを彼の前にさらし、ファウルを誘う。すると彼は考えなければならなくなる。3度目はボールを彼から見えない位置に保持して違う角度から攻め、彼の手が悪さをできないようにする。そんな駆け引きをしたのは、彼が高い位置では勝負してこないとわかっていたからだ。必要なのは十分な空間を作り出し、彼にボールを奪いにいくべきかどうかを考えさせることだった。それができた日は、彼を相手に安心してショットを狙うことができた。

HANDS ARE WEAPONS.
手刀。

　ブルース・ボーウェンは、両手を武器としてうまく使った。前ページの写真で、彼は、いつもやっていたとおりのことをしている。左手で私の右腕をつかみ下ろしているのだ。このあと、攻め込む私の腕を、ブルースはチョンチョン、チョンチョンと叩き、落ち着いてドリブルしたりショットを狙ったりしづらくするのだ。なんともうんざりする戦法だったが、私は彼を抜く自信があったので、無視してやりとおすだけだった。彼がこうしてくるのがわかっているので、そのうち慣れっこになり、この戦法に打ち勝つことができた。

ALL ABOUT FOOTWORK
フットワークのキモ

　対等な状況でブルースに勝つには、ぶつかり合いとこの腕チョップに耐えればよかった。しかし、この瞬間（上の写真）のように、こちらが良いポジションを取れたり有利な状態にあるなら、肩を預けて彼の胸をめがけてドライブし、彼が腕を自由に使えなくすることができる。

　じっくり見てみよう。私の右足は、このあと数歩右に動き、中距離からゴールを狙うための準備に入っている。もしコーナーの方向に切れ、ゴールに向かいたいなら、もっと足の指を深く回して、強く踏ん張っているだろう。こう見ると、コート上での足の使い方は、バイクに乗っているときの頭の使い方と同じように思える。（バイクで）左か右かに曲がりたいときは、まず行きたい方向を見て、頭からその方向に体重をかけていくだろう。それと同じように、バスケットボールのコート上でも足に体重をかけていくのだ。

FIRST THINGS FIRST: SIZE UP THE DEFENSE.
まずはディフェンスを見切れ。

　右の写真は、実はショーン・マリオンがヘルプ・ディフェンダーとして私の背後にいる。ラジャ・ベルは、ご覧のとおり、右足で私の行く手を阻み、私を後方に振り返らせ、マリオンに預けようとしている。これはワナだ。

　反対に私がやろうとしているのは、右腕で相手との間に隔たりを生み出すことだ。軽く肘を当てればそれができ、プルアップ・ジャンパー※に持ち込めそうだ。そうでなければ、あえてラジャの右足側に強引にドライブを試み、後方のワナを尻目に相手の立ち位置を変えさせ、掴まる前に鋭いスピンで状況を打開するだろう。

※ドリブルで動いている状態から止まって放つジャンプショット

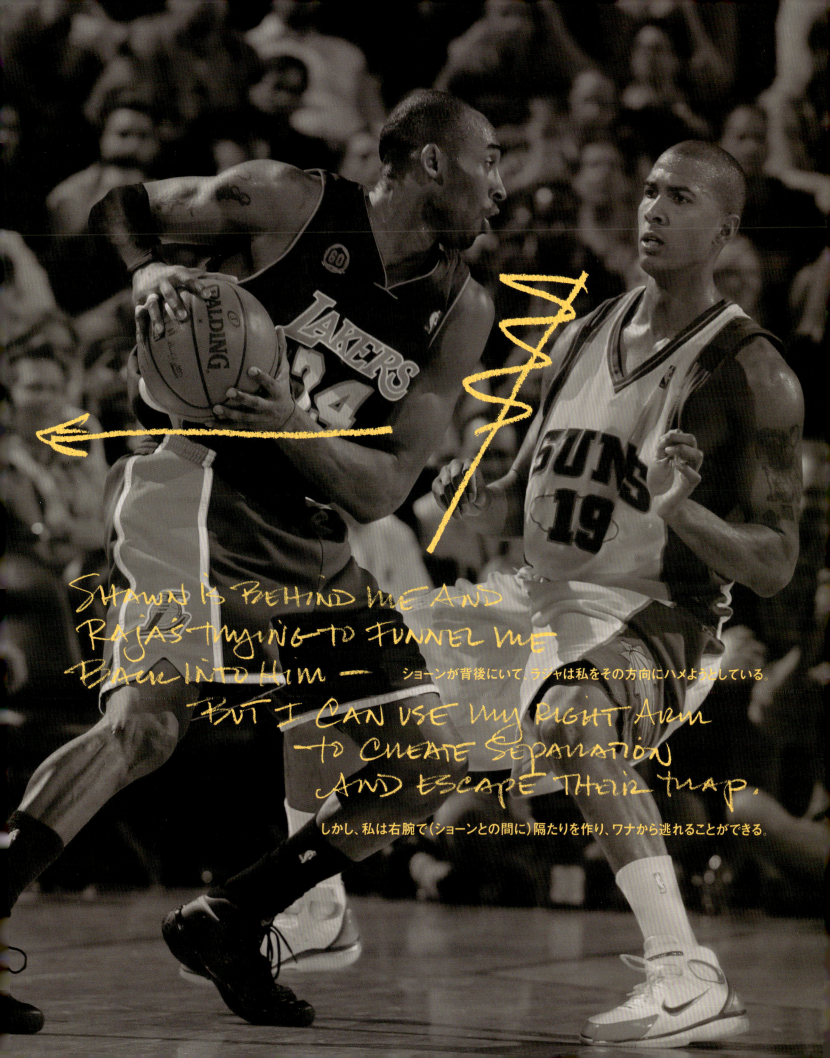

BRYANT VS ANTHONY

CARMELO'S A BEAR.
カーメロは熊だ。

　私はカーメロ・アンソニーとやり合うのが好きだった。古き良き時代のスタイルを持っているからだ。何度もガツンガツンとやり合っていると、ポストから逃げ出すプレイヤーも多いが、彼は絶対に逃げない。彼は体のぶつかり合いを好み、やられたらやり返すタチの男だ。

　プレイオフで彼とマッチアップしたときほど、過酷なことはなかった。あのときは、私たちにはサイズの差があったにもかかわらず——あるいは、だからこそだったのか——ポジション争いが勝負を分けることになった。左の写真では、私は彼を押し込んでいるというよりも、パスの方向を注視している。彼のどの辺りにパスが放られてきそうかを測り、左手でそうさせまいとしのいでいる。一方で写真には写っていない私の右手は、彼の腕を締め付けているのだ。これならパスが来ても、彼の腕を押し下げて前に飛び出し、ボールを奪うことができる。些細なことだが、これが秘訣だ。

My left hand keeps Chris from going to his right.

私は左手でクリスが右側に行きづらいようにしている。

Capitalizing on my length so he stays bothered.

高さと長い手足を生かして彼に苦しい思いをさせている。

CHRIS PAUL IS A SPECIAL PLAYER WHEN HE'S GOING TO HIS RIGHT SIDE.

右側に切れ込むクリス・ポールは格段の脅威だ。

もちろん、左側に向かう彼も素晴らしい。しかし驚異的なのは右側に切れ込むときだ。となれば、私がディフェンスでまず試みるのは、彼の右手の自由を奪うことだ。ご覧のように私は左手をかざして、右側に来たらボールを獲りにいくぞ、そうでなくとも楽にボールを扱わせないぞ、と牽制している。

また、私は高さと長い手足も使って、彼を苦しめるだろう。彼がこの状況から射ってくるなら、ブロックショットに向かう。ドリブルで攻めてくれば、体を密着させて阻止する。パスを狙ってくるなら、コースを読んで奪いにいく。彼の好きに絶対にさせないよう、どんなことでもやる。

もうひとつ、あえてやらせてみる、という戦術も私は使った。CPに――誰にでもそうだが――この戦術を使うには、彼の駆け引きを研究しておくことだ。すると、特定の場所で相手がやりたがることが見えてくるので、予測を立ててこちらから攻めていけるのだ。

CHRIS DEFENDED WITH CRAFT.
クリスのディフェンスは熟練技だった。

　彼は素早く、強く、高度な知性を持っている。

　彼を相手にしてポストでポジションを取ると、彼はパスコースを遮るかのように一方に寄って守ろうとした。すると、甘いパスには即座に反応され、はじかれたり奪われたりしてしまう。それに対して私は、サイズを生かして彼を背後にとどめ、特定の方向に寄ることができないようにし、フロアから高い位置でボールを受けた。その態勢からフェイドアウェイ※を放つと、ボールは彼の手が届く位置に下がってくることなく、ゴールに飛んでいくことになる。夏場にこれを、しっかり練習した。ボールをキャッチし、振り向く瞬間にもボールを顔の高さから下げないようにするのだ。

※ゴールから遠ざかる方向に跳び上がって放つショット

DWYANE WADE WOULD JUST VANISH.
ドウェイン・ウェイドは一瞬にして視界から消える。

　スクリーン‐ロールの状況で、ドウェインほど抑えるのが難しいプレイヤーはいない。身も蓋もない言い方だが、心底そう思う。それほど彼の技能は高い。彼には非常にしっかりした体力があり、低い態勢から飛び出していくので、スクリーンを通過したとたんに、いなくなってしまうと感じるほどだ。一瞬にして消える。私にとって——なす術なく置き去りにされるウチのでかいヤツらにとっても——ものすごく厳しい相手だった。

　とにかく私は、仲間と一緒に、じっくりと映像を研究した。私は、仲間たちに、1秒でいいから彼をその場に留めておいてほしいと伝えた。追いついてみせるから、と。1秒など大したことはなかろう、と思うかもしれないが、彼はウチの連中の横を、わずか0.2秒で駆け抜けていくのだ。だから、連中にはこの考えを徹底させ、実践させた。

　1、2年目あたりまでのドウェインは、引いて守ることで時間を稼ぎ、いいところまで追うこともできた。しかし3年目以降は、いやはや、うなるしかなかった。きれいなフォームでなくても、彼のショットはよく決まるので、放ってはおけなかった。そして、歳とともに、ますます鮮やかさを増していった。

A YOUNG KEVIN DURANT WASN'T THAT DIFFICULT TO HANDLE.

**若いころのケビン・デュラントは
それほど難しい相手ではなかった。**

　NBA入りしてから2、3年の間は、KDには私がつけ入ることができる弱みがあった。当時の彼は、ドリブルから止まって放つプルアップ・ジャンパーを、右側に動いて射つのを苦手にしており、ポストでの戦い方もわかっていなかったのだ。これらの穴があったので、デカい体があっても抑えることが可能だった。しかしほどなく——わずか1、2年の間に——右側からのプルアップを克服し、さらに数年後には、ポストで左肩越しにゴールを狙う技をいくつか身につけた。いつの間にか、彼は7フッター（213cm）のオールラウンダーに化けていた。

　これがケビン・デュラントの物語だ。

　まる10年近く、彼は自分の弱点に向き合い、プレイヤーとしての幅を広げ続けてきた。今、彼の技能は強固に肉付けされている。オフェンス面で彼のプレイには穴がない。対戦相手にとっては悪夢だが、その地位は、彼の努力の結晶と言える。

THE TALENT HAS ALWAYS BEEN THERE FOR JAMES HARDEN.

ジェームズ・ハーデンに
能力があることは
以前からわかっていた。

ベンチから登場した控えのジェームズ・ハーデンが、2011年のプレイオフで私たちがサンダーに屈した原因だった。ラッセルとKDを擁するスターターの5人、彼らには対抗できた。しかしベンチに控えるジェームズに対抗できる人材が、こちらにはいなかった。

第4クォーターに彼がコートに登場すると、常に不利な状態だった。彼が鍵だったのだ。

ジェームズにはピック＆ロールの流れを読む、天性の勘が備わっている。制限区域に攻め入ってファウルを誘うことも、得点することもできるし、自分より小柄なガードに対しては、力ずくで押し勝てる。

突き詰めて言うと、オクラホマは自分たちの手元にある宝に、気づいていなかったと思う。私にはわかっていたが、彼らがわかっていたとは思えない。

WHEN I GOT HURT, I NEVER DWELLED ON WHAT HAPPENED.

ケガをしても、起こってしまったことを絶対に引きずらなかった。

　20年間もプレイしてきたなかで、ひどく負傷したことも何度かあった。そんなとき、いつもまず考えたのは、100%の状態に戻すには何が必要か、ということだった。そういう気持ちで、絶対に恐れや疑念に心を乱されないようにした。泣き言や不平は決して口にしなかった。だって、無意味じゃないか？

　骨が砕けたり、折ってしまったり、筋肉を痛めたりしたら、そういった方向性とは違う問いかけをしたものだ。「このままプレイしたら、もっと悪くなるのだろうか？」。痛みがあっても悪化しないなら、私は100%プレイし続けた。それ以外の考え方はなかった。

　痛めたままプレイし続けたことは——足首から、背中、ヒザ、肩まで——何度もある。そういうときは、シューティング・アラウンドや試合中の序盤の段階で、自分に何ができ、何ができないかを試した。限度がわかれば、それに合わせた戦い方をすれば良い。そういった状況になるたび、穴のないプレイをできることの大切さを思い起こすことになった。何をやるにも、どちらの手でも、どちらの足でも、同じようにできるべきだし、ゴールから30フィート（約9.14m）の地点でも、近距離のポストプレイでも、できなければならない。

　どこかを痛めれば、身体能力は落ちた。勢いや爆発力は削がれた。でも、それだけのことだ。私はそれでも、コービー・ブライアントであることに変わりない。

EMOTIONS ARE A MAJOR COMPONENT OF BASKETBALL.

感情はバスケットボールの重要な構成要素だ。

試合には何度も波が押し寄せる──良い波も悪い波も、その中間の波もやってくる。自分の周辺で起きるそのすべてを受け止め、強い意思を保ち、冷静に、一心不乱でいられるように努めた。感情が爆発したり、溢れたりすることがないと言っているのではない。ただし、自分を見つめ直して、こんがらかる前の平静さを取り戻すことはできた。他のプレイヤーよりうまく、それができた。それが鍵だった。

I ENJOYED CONTACT.
レブロンとの接触プレイを楽しんだ。

　レブロンは上背も幅も私よりあるが、彼にぶつかっていき、ぶつかってこられることを、私は楽しんだ。直接対決のマッチアップでは、これが重要な要素になる。

　ディフェンスのときレブロンは、胴体で私からの接触を受け止め、腕をクッションに使わなかった。彼のほうが強いためそうすることに慣れていたのだ。しかし、私にはそれが有利に働いた。私はぶつかり合いが好きだったし、手を使いながら彼を押し込んでいく方法をわかっていたからだ。次に同じような機会がやってくると、また私が同じように攻めるかと警戒する彼に対して、ベースライン側にスピンしてショットに持ち込むか、さらに切れ込んで攻略した。

　ある時点で彼は、ポストで私の前にポジションを取ろうとしはじめる。「こっちは6フィート5インチしかないのに前に立つなんて」と私が言えば、「いや、引っ掛かりませんよ。ここでボールを持たせるわけにはいきません」と彼は答えた。

　時とともに、彼のディフェンスは非常に成熟した。チャンピオンシップを手にしたければ、スターである自分がまず、相手の最高のプレイヤーを抑える責任を受け止めなければならないことをわかっていた。それは私が誇りに思って取り組んだことでもある。

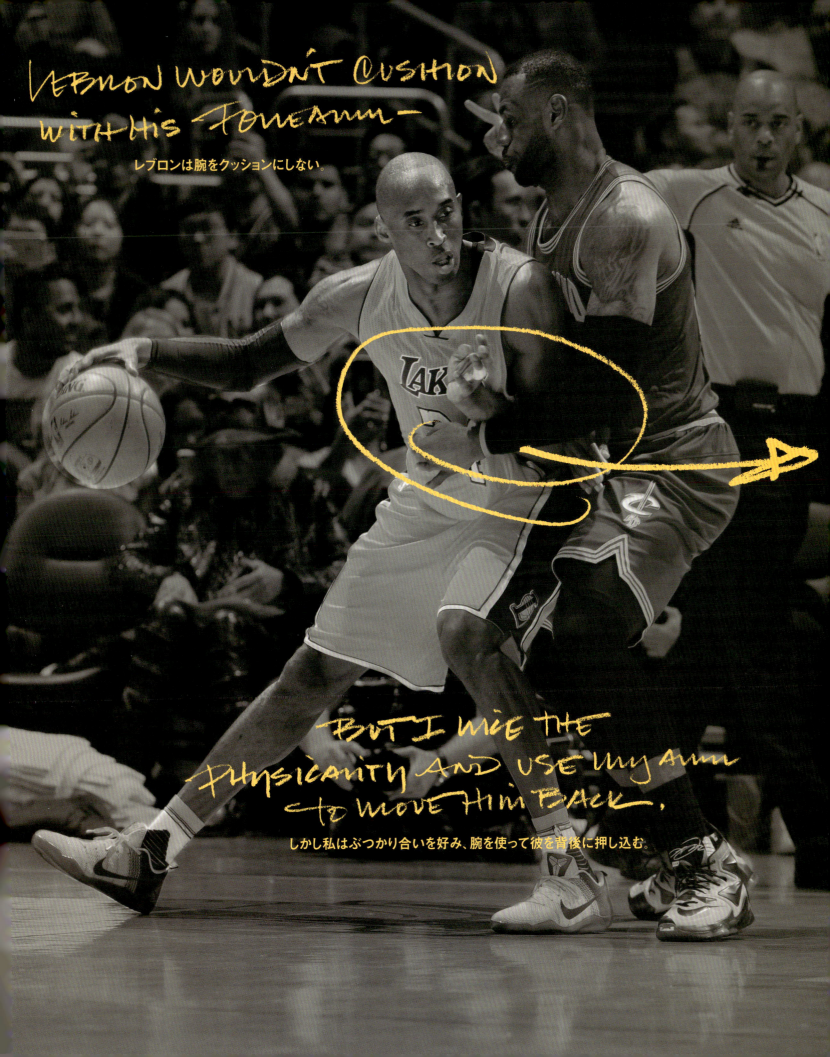

THIS IS PRETTY SIMPLE.
このワナは
とてもシンプルだ。

このタイプのワナには、攻め気を見せ続けるのが良い。それができれば、ディフェンスを操って主導権を握ることができる。

どう見えるだろうか？ 私はこのふたりのディフェンダーたちに攻撃を仕掛け、コーナーまで引きずっていく。するとコートの反対側にいくつも隙が生じ、チームメイトたちがそこを使ってプレイできるようになる。多くの場合、私はアシストか、ラストパスにつながるホッケーアシスト※を提供できるだろう。あるいは動きを緩めて、チャニング・フライ（写真手前）を私のほうに引きずり出すこともできる。そうすれば、彼の傍らをすり抜けて、得点機を生み出せる。

パスに関しては、他のチームメイト4人の顔ぶれによって質的に変わることは決してなかった。もし顔ぶれによって自分の状況判断が影響を受けるようだと、ディフェンスに有利な状況を作ることになる。そうならないように準備と映像の研究をして、朝のシューティング・アラウンドでチームメイトたちに、その日の試合でとるべきポジショニングを説明して臨んだ。ディフェンスがXできたらこちらはYで対抗する、YでこられたらZだ、という具合だ。こうして私たちは――ひとつのまとまりとして――相手ディフェンスを手玉に取ることができた。

※ショットを成功させるラストパスをアシストと呼ぶが、そのアシストにつながる決定的なパスをホッケーアシストと呼ぶことがある。アイスホッケーで、得点機を生み出す流れでよく見られるため、こう呼ばれる

RUSSELL CHERISHED THE CHALLENGE OF TRYING TO STOP ME.
ラッセル・ウエストブルックは私を止める挑戦を大切に考えていた。

だからお返しに私のほうも、自分の武器のすべてを駆使して対抗した。内面的な強さ、研究心もその武器のひとつに含まれる。彼の負けん気の強さは今と同じだった。それをわかっていたので、彼がブロックショットに跳んでくると考えた。そこでポンプフェイクを多用し、ファウルを誘うか、タイミングをずらしてゴールを狙った。

ただしこれは、ラスがまだ若かったころのことだ。あれから彼は学び、私は教えた。

時が流れるとともに、私はいろんな手を使って戦わなければならなくなった。こちらとしては、彼の上から得点を狙いたい——私のほうが数センチ上背がある——ので、私は力で押せるスポットを選んで勝負した。彼に対して、ドリブルしてボールを動かしながら勝負しようとはしなかった。ポストに切れ込み、エルボーに動いて、忍耐強く攻めるのだ。

BRYANT VS WESTBROOK
VS ラッセル・ウエストブルック

I lock up Russell's right arm where the refs can't see —
レフェリーから見えないところでラッセルの右腕を押さえつけ、

So if he picks up the ball I'll yank just enough for him to feel it.
彼がドリブルを止めたら少しだけ感じる程度にグイッと引き寄せる。

WHEN RUSS CAME INTO THE LEAGUE, HE WAS A DIFFERENT PLAYER.
リーグに来たばかりのころ、ラスはまったく違うプレイヤーだった。

　最初、ラス（ラッセル・ウエストブルック）はショットを決めることができなかった。だから追いかけ回すのも楽だった。ボールを持ったらどこに行こうとするか、どんな角度で切れ込もうとしてくるかわかっていたからだ。しかしジャンプショットが安定するにつれ、怖い存在になった。できるだけイラつかせようと頑張らなければ、対抗できなくなっていった。私は彼にまとわりついた。腕や肘で押し、見えないところでつかみ、引っ張る。この写真では、ドリブルする彼の右腕を押さえつけている。彼がドリブルをとめたら、少しだけ感じる程度に、その腕をグイッと引き寄せる。これはレフェリーから見えない角度で起きている。すると彼は、私ではなくレフェリーと戦わなければならなくなるのだ。

　若かったころのラスは、相当波のあるプレイヤーだった。だからときには、わざと彼から離れてディフェンスし、外から射たせようとした。しかし安定感が増してからは、まともに戦わざるを得なくなった。私は、彼を抑える最善策を見いださなければならなくなった。いかにしてリズムを崩壊させるか。例えば、彼が自陣から上がってきて、ドリブルからジャンプショットを狙っていたら、私はジャブで接近すると見せかける。それで射つ気を削ぎ、ドライブでゴールに向かったほうがよいかもと考えるよう仕向けたかと思えば、別のときは引いて守り、彼のリズムを崩すことができた。

　しかしこれは難しいことだった。彼が全速力で来た場合は、特にそうだった。レブロンと同じく、ラスが勢いよく頭から突っ込んでくると簡単には対抗できないので、こちらもチームの誰かがショットを放ったら即座に、彼をつかまえなければならなかった。まるで猫と鼠の楽しい追いかけっこだ。

　ラッセルは進化し続けた。彼は勉強家なのだ。彼が29歳だった2018年、彼はオレンジカウンティーにいた私のところにきて、朝5時から一緒にワークアウトした。リーグにいるその年齢のプレイヤーは、もうなんでも知ったような気になっている者が多いが、彼はポストプレイと、それに必要なフットワークを磨きたいと思っていた。それで進化できるし、また長くプレイするための鍵であることを、彼は悟ったのだ。

　彼は正しい。情報をあつめ、そして上達を渇望し、追求する姿勢が重要だ。かなりの時間をともに過ごして取り組んだ成果は、シーズン開幕と同時にさっそく生かされているのがわかる。

DEREK WAS A NATURAL LEADER.
デレクは自然体のままでリーダーになれた。

　生まれついてのリーダーがいれば、リーダーに育つ人もいる。デレク・フィッシャーは疑いなく、その力を持って生まれてきた人物だ。リトルロックを飛び出して、ロサンジェルスに到着したその日から、彼はレイカーズで——なだめ役として——いつも周囲に影響を与え、牽引力となっていた。

　彼は生まれつき、そんな資質を持っていたのだと思う。しかしあとから備わった部分も大きいに違いない。それは当然、彼の家族とアーカンソー州での生い立ち、そして最高峰に至る過程からつかみ取ったものだろう。

　意外とも思える統率力の源がなんであれ、私はデレクと一緒に戦ってきた。

　デレクは常に上達しようと努力していた。なかでもジャンプショットは、年々磨きをかけ向上していった項目のひとつだ。プロ入り当初からまずまずのシューターだったが、彼は、自分の"J"を作り直す必要性を認識したのだ。その後の妥協のない練習により、彼は良いシューターどころか名手になった。

　デレクはボールの扱いもうまかった。ポイントガードらしくボールを保持して奪われることはほとんどなかったし、堅実な判断力も備えていた。

　チームにおける役割という観点で、プレイする能力以上に価値ある存在だった。彼は忍耐強く、私たちはお互いを補完しながら過ごした。だから誰もが恐れるコンビになれたのだ。

THE BASKET STAYS STATIONARY.
ゴールは動かない。

BRYANT VS. BATTIER

　シェーン・バティエーのようなプレイヤーがビタッと貼りついてきたとしても、私は何の怖さも感じなかった。単純に自分のプレイをしてゴールを狙うだけで良いと思っていた。ゴールは動かないのだから、筋肉の記憶を呼び起こせば事足りる。ゴールが見えなくても、入れることはできるのだ。

　シェーンは総体的に、堅実なディフェンダーだった。頭もよく、トラッシュトークが私の気持ちに火をつけることを承知していた。そこでシェーンは逆手を取って、私は抑えられない、と周囲に言っていた。それで私が牙をむかなくなるかもしれないと考えたのだ。しかしこちらはお見通しで、仕組まれた謙虚さに騙されず、逆にだからこそ徹底的にやっつけた。彼とのマッチアップは楽しかった、と言ってまちがいない。

METTA REALIZED OUR TEAM WAS DIFFERENT.
メッタは、レイカーズは別物だと気づいた。

メッタ・ワールドピース（ロン・アーテスト）がレイカーズに加わってまもなくのある日、私がワークアウトしているところに彼がやってきた。私がいたことに驚いていた彼に、私は尋ねた。「ここまでのチャンピオンシップはどうやって手にしたと思う？」。メッタは、メンバーに有能な人材がそろっていたことに触れながら返答してきた。私は彼の言葉を遮り、こう言った。「メッタ、リングを手にするのは簡単じゃない。君がいれば大丈夫とか、ウチにはパウとラマーがいるから勝ったも同然とか、そんな考えだとしたら、オレとはうまくいかないぜ」。

彼には、コート外でしてきたことや関わった出来事は気にしないからと伝え、練習に来たら、ジムにいる間は性根を据えて取り組めと言った。どのドリルも、いつの瞬間にもビシッと戦う用意を整え、ミニゲームにも全部勝つのだ、と。彼は日々の練習できっちりそれを実践し、問題を起こすことはなかった。

メッタは、一緒にプレイしたなかで、最も賢いディフェンダーのひとりだ。基礎ができているし、体が頑丈で、素早い手足も備わっていた。そしてなにより、執拗だった。ディフェンスでの彼は、骨をくわえた猛犬だ――食らいついたら決して放さなかった。

メッタは相手を抑え、完全にその持ち味を打ち消すことを目指していた。相手を混乱させ、怖じけづかせるのだ。彼と私はそれをうまくやってのけたものだ。試合の前には、その日に誰をマークしてつぶすかを話し合った。いつも、「アイツを最初の5回ディフェンスしてくれ。その次の5回はオレがいく。絶対にうまくひっかかって弱らせることができるぜ」というようなやり取りをしていた。

メッタとプレイするのは心底楽しかった。彼は、愛の鞭に応えるというより、それを求めてきてくれた。私に「もう十分だ。チャンピオンシップを勝ち取れるさ。やり過ぎるなよ」と言わせたかったにちがいない。大概の人は、彼とそういうつきあい方をしなかったのだろう。彼の反応にビビったり、怖がったりするばかりだったのだろう。彼は、私がそうではないとわかり、気に入ってくれたのだ。

DOUBLED DOWN
挟み撃ち

もしそうされたら――隠すまでもない――ゴールを狙う。私はそうした。挑み、接触し、決断の過程を楽しんだ。それを見た相手は、こちらが強気な動きに備え、絡みつき、群がってくる。ふたり、3人、4人がかりで止めにくる。

そうなればこちらのもの。状況をうまく持っていける。一連の流れと駆け引きを制し、突っ込んでゴールを狙うことも、ピヴォットを踏んで空いている3Pシューターにパスを出すこともできる。

どうするかは、個々のディフェンダーと相手チームの傾向を元に、瞬時に決める。真っ直ぐ跳び上がってくる相手ならショットの機会を得やすいし、からみついてくるならファウルを得やすかったりパスの抜け道を作ってくれやすい。そういったことを事前に調べておく。ゴールに向かう際、誰に対して突っ込んでいくかにより、賢い選択肢を選んでいる。

DEEPER THAN HOOPS
盟友

パウ・ガソルは弟のような存在だ。長いキャリアのなかで、私は何人ものプレイヤーと一緒に戦ったが、パウは歴代のチームメイトのなかで、まちがいなく一番のお気に入りだった。

レイカーズが2007-08シーズン半ばにトレードでパウを獲得したあと、私たちは即座に意気投合した。彼がチームに合流した日のことは、今でもよく覚えている。ようやくホテルに着いたばかりの彼の部屋を訪ね、お互いについていろいろ話し合った。絆は一瞬にしてできあがり、今日まで続いている。

彼は非常に知的で、とても細かなところまで気を配るプレイヤーだった。しかも心が広く、勝利に向けた強い意欲を持っていた。私たちは勝利という共通語を語った。また一方では異なる言葉、スペイン語が、短い期間に友情を深める助けになった。考えてみると私たちは、お互い文化的にかなり多様な背景を持っている。どちらも読書やミュージカル、オペラなどの演劇が好きだ。バスケットボール以上に深く、私たちはつながることができていた。

WINNING CHAMPIONSHIPS IS EVERYTHING.
チャンピオンシップ それがすべて。

これは本当に、地球上で味わうことができる最高の喜びのひとつだ。あの感覚を味わうたびに、もっと、もっとという力がみなぎってきた。リングをひとつ手に入れたら、ふたつ目がほしくなった。ふたつ勝ち取ったら、次は3つ目がほしくなった。

あの感覚は、チーム再建の過程を経験したからこその感覚だと思う。数年間苦戦を続け、努力に努力を重ねてたどり着いた頂点だったからだ。一度たどり着いたら、また達成したくなった。身に染みて感じたあの敗北感を、2度と味わいたくなかった。

THE AGONY OF DEFEAT IS AS LOW AS THE JOY OF WINNING IS HIGH.
敗北の苦しみは勝利の喜びと同じほど深い。

ただし、私にとってどちらもまったく同じだ。50回負けようが、
優勝しようが、同じ時間にジムに入る。やることは変わらない。

I BUILT MY GAME TO HAVE NO HOLES.
完璧を目指し、弱点はすべて克服した。

　自分を研究されてもまったく怖くはない。何年も戦った相手だったり、しばらくチームメイトだったからといって、恐れることはない。どうやっても、私を止めることはできない。

　たしかに、私がどちらかの方向にいくのをより好む、という傾向が見つかるかもしれない。しかし究極的にその知識は意味をなさない。なぜなら、私は苦もなく逆方向に動けるからだ。ひょっとしたら、私のプレイから特有のタイミングやリズムを読み取った、と思うかもしれない――そんなものはありもしないのだが。ディフェンスの調子をみて、こちらが対処できることだ。突き詰めると、そうして考えれば考えるほど、私を止めるのは難しくなる。

　映像で研究したり、ワークアウトを注意深く観察すると、微妙な差や弱みを見つけることはできる。ただ、私は常日頃からチームメイトや対戦相手を研究していた。彼らが身体的にどれほど完成されているか、どれだけ忍耐強いかを常に把握して、弱点を見つけ出し、そのデータを実際に対戦するまで整理していた。

　これはオフシーズンにも、アメリカ代表の活動中にも、やっていたことだ。だからよく、レブロンやKDのポストプレイを見ては、技量の低さをからかったものだ。ただ、誤解されないように言っておくが、彼らはしっかり練習して、今では楽々、素晴らしいポストプレイができている。

　偉大なプレイヤーと歴代最高のプレイヤーとの間にある違いは、自己評価する力、弱点を認識できるかどうか、そして見つけた欠点を長所に変えられるかどうかにある。

I LOST TRACK OF TIME.
時の流れに溺れたあの一夜。

　NBAキャリアの最終日、私は事務所での仕事からはじめた。取材がいくつかあり、わくわくするような将来のプロジェクトにも取り組んでいたので、仕事が詰まっていたのだ。ふと気がつけば、すでに試合に向かわなければならない時間になっていた。

　ステイプルズ・センターに向かう道のりは、慣れ親しんだいつもの道のりだ。私にとって1,346回目、そして最後のレギュラーシーズン・ゲームだったが、いつもと同じ感覚だった。しかしアリーナの雰囲気は、いつもとまったく違っていた。私が到着したころ、場内は悲しみの空気で満ちていた。なんだか寂しくて、嫌だった。今夜は祝宴にしたいのに。生き生きとした力に満ちた夜にしたいじゃないか。私は、あの重苦しい空気を変えるのは、自分の仕事だと思った。

　ユニフォームに着替えてコートに出ていくと、足が思うように動かないことに気づいた。その瞬間に悟った。今日は歴史に残る最高の活躍か、過去最低の出来かのどちらかだな。そう考えたことがおかしくて、ちょっと笑えた。いつも鉛のような足できっちり準備してきたじゃないか。あとは思い切りやるだけだった。

　試合がはじまると、集中力が研ぎ澄まされてきた。私はあの瞬間に、身をまかせた。最後の試合だという意識は消えてなくなった。試合はいつしか、真剣勝負へと姿を変えていた。それは、自分の生活をかけて、20年間、毎日のように向き合ってきた勝負の瞬間だった。私を卓越した存在にしてくれた、知略に富む戦いそのものだった。チェスのような駆け引きの機微を楽しみ、私は夢中でプレイした。

BASKETBALL TOOK ME EVERYWHERE.
バスケットボールは私をどこにでも連れて行ってくれた。

　バスケットボールは、思いつくかぎりのすべての機会を、私にもたらしてくれた。計り知れないほど多くを学んだ。それはコートの上でのことに限った話ではない。

　フープ（HOOP）と呼ばれるこのスポーツがなかったら、創造性も読み書きも身につかなかっただろうし、人間という存在の有り様も理解できず、いわんや引っ張っていくなど不可能だったにちがいない。

　バスケットボールは、語り部になることの美学も教えてくれた。でなければ、エミー賞もオスカー賞もなかったし、創造的な夢や、まだ見ぬ将来への展望を描くこともなかっただろう。

　そう、バスケットボールは私に世界を見せてくれ、どこにでも連れて行ってくれたのだ。今度はその楽しさを、私が広げていく番だ。

FACTS AND FIGURES
記憶されるべき記録

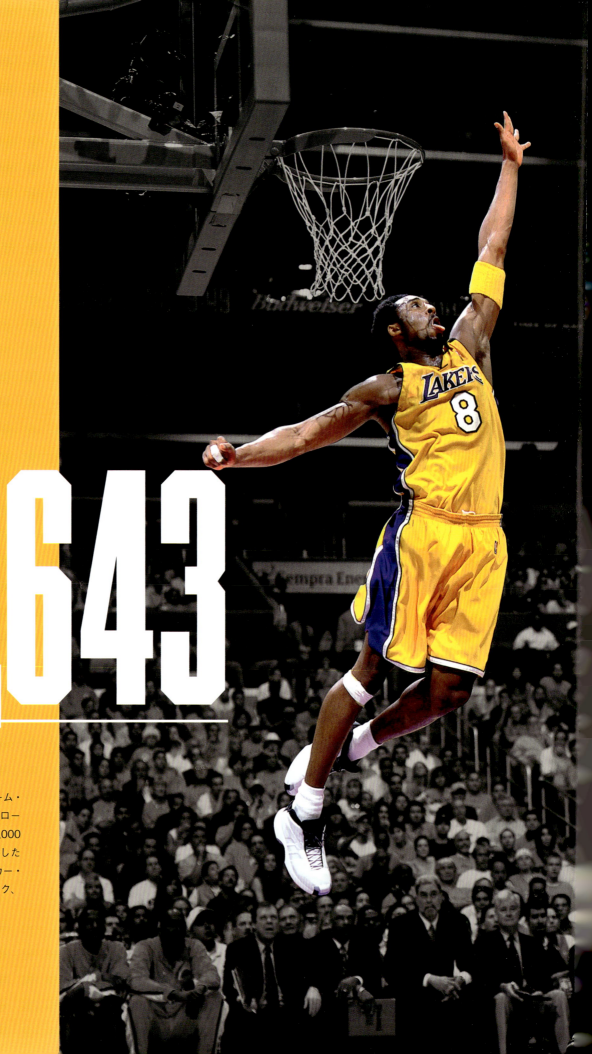

33,643

CAREER REGULAR-SEASON POINTS

レギュラーシーズン通算得点。カリーム・アブドゥル＝ジャバー、カール・マローンに次ぐ歴代3位。25,000得点、6,000リバウンド、6,000アシストに到達したのはコービーの他に3人だけ（オスカー・ロバートソン、ジョン・ハヴリチェック、レブロン・ジェームズ）。

81
POINTS

1試合での得点としてNBA公式戦史上2番目の記録（トップはウィルト・チェンバレンで100得点）。1979年の3Pライン導入以降では最多記録。

37
YEARS OLD

キャリア最終戦で60得点を記録した年齢。

20
SEASONS

レイカーズに所属し、捧げた年数。ガードではNBA史上最長。

18
YEARS OLD

デビュー時の年齢。

史上最年少のスラムダンクコンテスト王者となった年齢。

プレイオフで得点を記録した史上最年少プレイヤーとなった年齢。

5
CHAMPIONSHIPS

チャンピオンシップ獲得回数。2000〜02年に3連覇、2009〜10年に連覇を達成。

2
JERSEY NUMBERS

身につけたユニフォームの番号の個数。ロサンジェルスでは8と24が永久欠番。

FINALS MVP AWARDS

ファイナルMVPの回数。

SCORING TITLES

得点王の回数。2年連続。

OLYMPIC GOLD MEDALS

オリンピックで獲得した金メダルの個数。2度の出場で達成。

CHRONOLOGY 年譜

1996年10月26日
ドラフト13位でシャーロット・ホーネッツから指名された。事前の同意に基づき、その保有権は5日後、ロサンジェルス・レイカーズに譲渡された。

1996年11月3日
18歳と72日でNBAデビュー。当時リーグでプレイした最年少プレイヤーとなった。

1998年2月8日
ファン投票で、リーグ史上最年少でのオールスター選出を果たし、ウエストのチームハイとなる18得点を記録。

2000年6月14日
ファイナル第2戦で足を捻挫したコービーがこの日の第4戦で復帰。延長戦でクラッチショットを3本成功させた。ペイサーズにとどめを刺すプットバック・レイアップでレイカーズに3勝1敗のリードをもたらしたコービーは、5日後に自身初のチャンピオンシップを手にした。

2001年
レイカーズがファイナルでフィラデルフィア・セブンティシクサーズを5ゲームで下し、連覇を達成。

2002年
レイカーズがファイナルの舞台に舞い戻り、ニュージャージー・ネッツをスウィープして3連覇を達成。

2003年2月
月間の1試合平均得点40.6を記録。

2004年
レイカーズは5年間で4度目のファイナル進出を果たしたが、ピストンズの前に5ゲームで敗れた。

2006年1月22日
トロント・ラプターズに勝利したこの日のゲームで、自己最多の1試合81得点を記録。

2008年
利き手の指を骨折しながら、レイカーズをウエストの最高勝率に導いたコービーがリーグMVPに。彼はこのシーズンで、レイカーズの歴代最多通算得点記録保持者になった。レイカーズはセルティックス相手のファイナルに6ゲームで敗れた。

2008年8月
「リディームチーム（取り返すチーム）」と呼ばれたアメリカ代表に選ばれ、北京オリンピックで金メダルを取り返す。

2009年
レイカーズはオーランド・マジックとのNBAファイナルを5ゲームで制し、王座返り咲きを果たす。コービーはファイナルMVPに。

2010年
NBAファイナルで5度目のチャンピオンシップと2度目のファイナルMVPを手にした。第7戦では、レイカーズが後半13点の劣勢を跳ね返し、宿敵セルティックスへの雪辱を晴らした。

2013年4月12日
ウォリアーズ戦でアキレス腱を断裂。

2014年12月14日
マイケル・ジョーダンの32,292得点を越え、通算得点で歴代3位の座に到達。

2015年11月29日
シーズン終了後の引退を発表した。

2016年4月13日
キャリア最後のゲームで、ユタを相手に60得点を記録。第4クォーターには5点差の勝利を決定づける23得点を奪った。

AFTERWORD | おわりに

I HAD NEVER HEARD STAPLES CENTER GO SO QUIET AS IT DID WHEN KOBE WENT DOWN.

コービーが倒れたあの瞬間、ステイプルズ・センターがそれまでにない静寂に包まれ、凍りついた。

彼はアキレス腱をつかみ、ちぎれてもうそこにはない腱を引っ張りあげてつなぎ合わせようとしていた。アキレス自身が崩れ落ちたかのような光景だった。全盛期に突如、鷲掴みにされ奪われたキャリアは、もう取り戻すことができないかもしれなかった。しかし、あれほど重篤なケガから立ち直ることができる人間がいるとすれば、それはコービーだ。コービーしかいない。彼の決意と集中力は超人的だ。バスケットボールに向ける真摯な姿勢は、敬虔という表現が似つかわしい。キャリアの最後を迎えた試合で60得点を記録したプレイヤーを物語る、これ以外の言葉があるだろうか。

1996年10月、私はルーキーだったコービーの顔写真を撮影した。初々しい顔をした18歳は、活力の塊だったが、そこには強烈な好奇心が備わっていた。コービーはすべての人、すべての物を観察していた。また、あの年齢には似つかわしくないほど目的意識が高く、意欲に満ちていた。私は38歳で、ふたり目の子どもができたばかりの父親だった。あれ以来、マイケル・ジョーダンの再来と呼ばれた若者が、唯一無二のコービー・ブライアントへと飛躍を遂げる道のりを、私は見守ってきた。

コービーがシャックとともに手にした3度のチャンピオンシップは歴史的だった。大人に子どもが立ち向かい、まったく異なる戦い方を披露した。あの時代のレイカーズは無敵で、栄光は風のように訪れ、その紆余曲折の過程でコービーは大人になっていった。

96年にデビューしたコービーはせっかちなルーキーであり、練習でさえ競争心むき出しだった。敗北などあり得ない。キャリアを積み重ねてゆくにつれ、コービーは、完全無欠を追いかける飽くなき探求心を――何かに取り憑かれたかのようなその姿勢を――たぐいまれなリーダーとしての人格に融合させていく。ロッカールームでもトレーニングルームでも、よく口を開いた。しかし、静けさのなかに逃れ、試合に向けて内面的な準備を整えるすべも、心得ていた。アメリカ代表やオールスター・ゲームの現場で、兄貴分としてモノを言う立場として認められたころにはすでに、チームメイトの心に火をつけ、自らを律する騎士のような、歴戦の勝者であった。

しかし、そのような姿とは異なる半面をみたものは多くない。彼はキャリアを通じて、ほぼすべてのホームゲーム、そして相当数のロードゲームのあとで、ファンからの願い事に対応していた。

何度か、コービーが子どもたちとその家族と一緒だった夜に立ち会ったこともあったが、そこでのコービーは、バスケットボールがもたらす勝ち負け以上に深い意義を体現する、別の意味での英雄なのだ。そこには強固な意志や、紳士的でででしゃばり過ぎない優しさがにじみ出ていた。

数え切れないほどの試合を撮り、年月を重ねてきたが、いつ撮っても常に迫力に満ち、撮るのが楽しいと思えるNBAプレイヤーは数えるほどしかいない。本当にわずか――マジック、MJ、そしてコービーだ。

初期のコービーはダンク・マシーンだった。ある試合で3回か、4回か、コービーのダンクを撮り漏らして帰らなければならなかった悔しい夜のことは、今でも忘れられない。重要な一撃や驚くべきショットを心待ちにするような感覚は、時とともに薄らいでいった。コービーは相変わらずコート上で素晴らしい被写体であり続けていたが、描写するうえでの楽しみは、彼の発散する緊迫感やアツさであり、世界が注目するなかで全身全霊を注いだマッチアップの数々で、そのプレイを通じて表現された絶妙さや細やかさをいかに捉えるかということだった。

コートの外で、私は幸運にも、彼との間に敬意と信用に根差した強固な関係を築くことができた。人生における20年はとても長い。特にバスケットボールの世界で、スターたちの躍動にこっそりと目を向け続けた身には、それが実感できる。コービーは私の仕事を理解していたし、私のほうも、彼が整えた場で彼の意志を尊重しながら動くすべを知っていた。その成果として生まれたこの作品では、伝説となった彼の生きざまを、他では見ることができない内側からの視点で描写することができた。コートから離れたコービーだが、変身を遂げた姿を再びファンの前に披露するときが来たのだ。バスケットボールを変えたその姿勢と、努力の末に手に入れた真実を彼は伝えようとしている。

――アンドリュー・D・バーンスタイン

INDEX

1996................................9, 11, 204–206
1997................................12, 110–111, 122–123, 140
1998................................96–97, 120, 134–135, 204
1999................................200–201
2000................................54–55, 104, 108–109, 112–113, 117, 203–205
2001................................2–3, 98–99, 112–113, 127, 132–133, 136, 203–205
2002................................114, 130–131, 153, **191**, 203–204
2003................................100–101, 106–107, 118–119, 124–125, 204
2004................................102–103, 115, 117, 137, 141, 144, 145, 195
2005................................18, 116, 129, 152, 156, 204
2006................................138, 157, 166, 204
2007................................142–143, 148–149, 190
2008................................77, 120, 146–147, 154, 158–159, 161, 167, 174–175, 204–205
2009................................68–71, 121, 139, 154, 172–173, 186–187, 192, 194, 203–204
2010................................15, 70–71, 105, 120, 121, 150–151, 184–185, 188–189, 203–205
2011................................155, 160
2012................................170, 180, 193
2013................................4–5, 12, 74–75, 94–95, 164–165, 168–169, 183, 187, 196, 204–205
2014................................15, 204
2015................................203–204
2016................................162–163, 171, 177, 178–179, 181, 198–199, 204–205

A

Abdul-Jabbar, Kareem................17, 29, 58, 61, 202
Ali, Muhammad................59
Allen, Ray................152–153
Allen, Tony................150–151
Anthony, Carmelo................162–163

B

Battier, Shane................186–187
Baylor, Elgin................17, 91
Bell, Raja................160, 161
Boston Celtics................15, 58, 146–151, 204–205
Bowen, Bruce................158–159
Boxing out................154–155
Brown, Larry................128
Butler, Caron................116

C

Carter, Vince................136
Charlotte Hornets................204
Chicago Bulls................96–97, 110–111
Clarkson, Jordan................89
Cleveland Cavaliers................89, 176–179
Clutch shot................102–103
Contrast therapy................44–45

D

Detroit Pistons................102–103, 195, 204
Drexler, Clyde................140–141
Drills................18, 38–39, 58, 155, 188
Duncan, Tim................63, 137–139
Dunking................1, 100–101, 132–133, 203, 206
Durant, Kevin................105, 168–169, 197

F

Fisher, Derek................121, 184–185, 205
Footwork................104–105, 116, 159
Fouls................22, 66, 113, 115, 138, 150, 156, 171, 181, 191
Frye, Channing................178–179

G

Garnett, Kevin................118–120
Gasol, Pau................14–15, 120–121, 188, 192–193
Golden State Warriors................2–3, 191, 205
Green, Draymond................63

H

Hamilton, Richard................102–103
Harden, James................170–171
Houston Rockets................100–101, 116, 134–135, 140–143, 145, 171, 186–187, 190

I

Iguodala, Andre................156–157
Indiana Pacers................104, 108–109, 112–113, 188–189, 204
Injuries................172–175
    Achilles................72–75, 204–205, 206
    ankle................46, 51, 52, 54–55, 77, 204
    finger................47, 52–53, 68–71, 204
Iverson, Allen................22, 126–129, 136, 153

J

Jackson, Phil................16–19, 62–63, 65, 87
James, LeBron................22, 81, 105, 176–179, 183, 197, 202
Johnson, Magic................29, 57, 61, 206
Jordan, Michael................17, 40–41, 96–97, 110–111, 204, 206

K

Knight, Phil................77
Krzyzewski, Mike "Coach K"................80

L

L.A. Clippers................125, 164–165, 194, 196
Leadership................88–89, 184

M

Marion, Shawn................160
McGrady, Tracy................22, 142–145
Miami Heat................4–5, 115, 153, 166–167, 187
Miller, Reggie................108–109
Milwaukee Bucks................153
Minnesota Timberwolves................117, 118–120
Mobley, Cuttino................141
Mutombo, Dikembe................132–133

N

Naismith, James................17
Nance, Larry, Jr.................89
New Jersey Nets................204
New York Knicks................106–107, 162–163, 193

O

Obama, Barack................205
Odom, Lamar................121, 188
Oklahoma City Thunder................154, 168–169, 170, 180–183
Olajuwon, Hakeem................134–135
Olympics................*See* Team USA
O'Neal, Shaquille................18, 50, 101, 109, 112–115, 136–137, 205, 206
Orlando Magic................144, 172–173, 192, 204

P

Patterson, Ruben................130–131
Paul, Chris................164–165
Payton, Gary................117
Perkins, Kendrick................120
Philadelphia 76ers................112–113, 126–127, 132–133, 156–157, 204
Phoenix Suns................105, 161
Pierce, Paul................148–149
Popovich, Gregg................63
Portland Trailblazers................94–95, 130–131
Practice................15, 18, 22, 29, 35, 40, 44, 70, 105

R

Referees................66–67
Riley, Pat................58
Rodman, Dennis................110–111
Rondo, Rajon................147
Russell, Bill................29, 60, 119
Russell, D'Angelo................89

S

Sacramento Kings................124
San Antonio Spurs................116, 119, 137–139, 155, 158–159
Scott, Byron................61, 91
Seattle Supersonics................114, 152
Seto, Judy................51–52
Shoes................76–77
Soon-Shiong, Patrick................74
Stretching................35, 42, 47
Study
    film................28
    reading................29, 44, 67

T

Taping................50, 52–53, 80
Team USA................81–85, 197, 204, 206
Toronto Raptors................98–99, 136, 204
Traps................110–111, 126, 128, 160, 179, 188

U

Utah Jazz................121, 122–123, 160, 174–175, 198–199, 204

V

Vitti, Gary................52–53, 68, 74

W

Wade, Dwyane................82, 166–167
Wallace, Rasheed................147
Walton, Luke................65
West, Jerry................17, 29, 56, 147
Westbrook, Russell................105, 180–183
Winter, Tex................63–64, 89
Workouts................24–27
World Peace, Metta................120, 188–189
Worthy, James................29, 91

207

**KOBE BRYANT
THE MAMBA MENTALITY
HOW I PLAY**

［コービー・ブライアント　ザ・マンバ・メンタリティー　ハウ・アイ・プレイ］

2019年 3 月24日　初版第 1 刷発行
2021年11月30日　初版第 6 刷発行

著	コービー・ブライアント
写真	アンドリュー・D・バーンスタイン
監訳	島本和彦
ブックデザイン	勝浦悠介
編集	圓尾公佑
協力	柴田みさと
発行人	永田和泉
発行所	株式会社イースト・プレス
東京都千代田区神田神保町2-4-7久月神田ビル
TEL 03-5213-4700　FAX 03-5213-4701
https://www.eastpress.co.jp/
印刷所	中央精版印刷株式会社

ISBN978-4-7816-1767-1　ⒸEAST PRESS 2019, Printed in Japan